STRASB[OURG]
ET SES ENVIRONS
À PIED

Strasbourg

Strasbourg
Communauté Urbaine

Fédération **F**rançaise
de la **R**andonnée **P**édestre

association reconnue d'utilité publique
14, rue Riquet
75019 Paris

Fédération du **C**lub **V**osgien

association reconnue d'utilité publique
16, rue Sainte-Hélène
67000 Strasbourg

Pour découvrir
la France à *pied*®

*Vous venez de découvrir un topo-guide
de la collection "Promenade et Randonnée". Mais savez-vous
qu'il y en a plus de 200, répartis dans toute la France, à travers...*

Pour choisir le topo-guide de votre région ou celui de votre prochaine destination vacances,
demandez le catalogue gratuit de toute la collection au
Centre d'Information de la Randonnée 14, rue Riquet - 75019 Paris - tél. : 01 44 89 93 93

ou consulter le site
www.ffrp.asso.fr
Les nouvelles parutions y sont annoncées tous les mois

1ère édition : septembre 2001
Auteur : FFRP-CNSGR
© FFRP-CNSGR 2001 - ISBN 2-85699-907-7
Dépôt légal : septembre 2001

Sommaire

Ville de culture, Strasbourg s'enorgueillit d'un patrimoine architectural d'une très grande richesse. Son centre-ville appelé « Grande Île » a été classé par l'Unesco au patrimoine mondial de l'Humanité. De la cité médiévale, avec sa cathédrale, aux maisons de la Renaissance, des bâtiments du XVIIIe siècle aux larges avenues de la période allemande, de l'aménagement « Modern Style » de l'Aubette aux constructions contemporaines du quartier européen, ce patrimoine n'a cessé de s'enrichir au cours de notre histoire.

Ville d'avenir, Strasbourg est également le siège de nombreuses organisations européennes telles que le Conseil de l'Europe, le Parlement Européen, la Cour Européenne des Droits de l'Homme… pour ne citer que les plus connus.

La Ville et la Communauté Urbaine de Strasbourg se distinguent aussi par la qualité de l'environnement avec de nombreuses forêts, parcs et sentiers.

Visiter Strasbourg et ses environs à pied est une façon de voir la ville autrement, d'une façon plus intime, plus proche de ses habitants tout en s'imprégnant de ses charmes et mystères.

Le secteur piétonnier de Strasbourg a, depuis 1992, été largement étendu et des aménagements spécifiques ont été réalisés. Des itinéraires agréables et confortables reliant le secteur de la cathédrale à la Petite France permettent désormais aux piétons de déambuler en toute tranquillité.

Ce guide, édité par la Fédération du Club Vosgien et la Fédération Française de la Randonnée Pédestre, vous incitera à la flânerie.

Bonnes promenades et découvertes !

Fabienne Keller   Robert Grossmann
Maire de Strasbourg   Maire délégué

La Fédération
du Club Vosgien

La plus ancienne fédération de randonnée en France

Le Club Vosgien a été créé en 1872 par un groupe de bénévoles conscients de la nécessité de valoriser ce trésor naturel que sont les Vosges : en favorisant un meilleur accès à ce massif, en mettant en place un réseau de sentiers cohérent, en œuvrant à une meilleure diffusion de la connaissance aussi bien de la forêt et de la montagne vosgiennes que de leur histoire sans oublier les habitants, en éditant enfin une documentation aussi large que possible.

Des vocations multiples

Constituée aujourd'hui en une fédération de 108 associations regroupant plus de 34 000 membres, le Club Vosgien est implanté dans les départements du Bas-Rhin, du Haut-Rhin, de la Moselle, de la Meurthe-et-Moselle, des Vosges, du territoire de Belfort, de la Haute-Saône sans oublier... Paris. Ses activités englobent l'entretien des 17 000 kilomètres de sentiers balisés, la gestion de 27 refuges appartenant à des associations locales, la publication de cartes au 1/50 000 et au 1/25 000 (ces dernières en coédition avec l'Institut Géographique National), l'édition de guides de randonnée comme de la revue trimestrielle « Les Vosges », l'action pour la préservation de la nature, la formation des guides, l'organisation de promenades et de randonnées pédestres ainsi que la tenue de conférences.

Un système de balisage unique

Son système de balisage, unique en Europe, couvre cinq sentiers de grande randonnée, deux itinéraires « historiques », des sentiers interdépartementaux et européens, les variantes et accès aux parcours précédents, les sentiers de liaison locaux et, enfin, les circuits autopédestres dont les points de départ et d'arrivée se trouvent en un même lieu.

Une fédération en phase avec son temps

La Fédération du Club Vosgien a aussi initié et contribué à développer la pratique des « randonnées sans bagages », fort utile pour les adeptes de la grande randonnée : elle est en cela fidèle à sa vocation qui est de faire des Vosges et des zones limitrophes un paradis pour les randonneurs. Membre fondateur et à part entière de la FERP (Fédération Européenne de la Randonnée Pédestre), notre fédération contribue à reconstituer et à développer les itinéraires transfrontaliers. Ces derniers s'inscrivent dans un réseau de parcours européens en constante expansion.

À LA DÉCOUVERTE PÉDESTRE DES VOSGES

our s'orienter :
4 TOP 25 (coédition IGN)
t 5 cartes 1/50 000
situez-vous dans
l'espace
localisez nos sites
remarquables

es cartes du Club Vosgien,
es outils indispensables
our vos randonnées

Pour vos grandes randonnées :
indispensables pour découvrir les plus beaux paysages du massif vosgien
Les topo guides :

> GR 531 Soultz sous Forêts / Leymen
> GR 533 Sarrebourg / Belfort
> Tres Tabernae – Zabernweg (coédition Pfälzerwaldverein)

our vos promenades :
s parcours remarquables dans les Vosges et dans les zones limitrophes
t aussi nos coups de cœur !
inéraires à la carte selon vos
oûts et votre condition physique

e guide du Club Vosgien
n 4 fascicules !

ans oublier
es guides publiés
ar nos différentes
ssociations locales

FÉDÉRATION DU CLUB VOSGIEN
16 rue Sainte-Hélène – 67000 STRASBOURG
Tél. : 03 88 32 57 96 – Fax : 03 88 22 04 72 – e-mail : info@club-vosgien.com

Infos pratiques

BALISAGE ET ITINÉRAIRES

Les itinéraires proposés dans ce guide sont balisés, pour sept d'entre eux, de signes du Club Vosgien :

– losange rouge pour le « Stanislas-Kléber »,
– anneau rouge pour la « ceinture verte »,
– losange bleu pour le sentier de l'Ill,
– anneau bleu pour « tour de la ville ancienne »,

et, autour d'Illkirch-Graffenstaden :

– anneau rouge pour le sentier « Illgraff »,
– anneau jaune pour les « Lisières du Rheingarten »,
– triangle rouge pour le « Rhinn Pfad ».

Le GR®534 (« Stanislas-Kléber ») est le seul sentier de grande randonnée qui pénètre sur le territoire de la communauté urbaine de Strasbourg.

Les autres itinéraires sont, pour ceux qui sillonnent le centre-ville, dépourvus de balisage et, pour les promenades dans les forêts du Neuhof et de la Robertsau, balisés par la Ville de Strasbourg.

TRANSPORTS URBAINS

Bus et tramways

Deux lignes de tramway traversent Strasbourg et desservent quatre communes limitrophes. La ligne A relie le quartier de Hautepierre à celui de Lixenbuhl (Illkirch-Graffenstaden). Les lignes B et C relient le quartier de l'Elsau à celui de l'Esplanade (ligne C) et à la commune d'Hoenheim (ligne B).
De nombreuses lignes de bus desservent les communes de la communauté urbaine et la ville de Strasbourg. En revanche, le noyau central urbain, « piétonnisé » pour l'essentiel, ou aménagé en pistes cyclables, n'est desservi que par le tramway.

Les stations de tramway (T) et quelques arrêts de bus (B) sont mentionnés dans les descriptifs des itinéraires.
Renseignements : CTS, 14, rue de la Gare-aux-Marchandises, 67000 Strasbourg. Tél. 03 88 77 70 16. Allô CTS : 03 88 77 70 70.

Parkings

Il est difficile de stationner dans les rues de Strasbourg mais il existe de nombreux parkings souterrains et aériens. À noter quelques parkings gratuits en plein air situés en périphérie et, surtout, les parcs de stationnement « relais-tram » où l'on s'acquitte d'un forfait incluant le stationnement illimité dans la journée et la navette en tramway.

QUELQUES CONSEILS POUR LA RANDONNÉE

Pour une marche de plusieurs heures, des chaussures à bonne semelle sont recommandées. Rares sont les passages boueux ou spongieux. Toutefois, les berges de l'Ill peuvent être submergées lors des crues.
Les vents d'ouest peuvent être parfois violents et il vaut mieux alors éviter le voisinage des arbres.

ADRESSES UTILES

■ Ville et communauté urbaine de Strasbourg, centre administratif, 1, place de l'Étoile, 67070 Strasbourg Cedex
Tél. : 03 88 60 90 90

■ Hôtel de ville, place de Broglie, 67000 Strasbourg

■ Office de tourisme de Strasbourg et de sa région, 17a, place de la Cathédrale, 67000 Strasbourg
Tél. : 03 88 52 28 28

Autres bureaux d'accueil :
– Galerie à l'En-Verre, place de la Gare.
Tél. : 03 88 32 51 49
– Pavillon d'accueil, pont de l'Europe.
Tél. : 03 88 61 39 23

■ Association départementale du tourisme,
9, rue du Dôme, 67000 Strasbourg
Tél. : 03 88 22 01 02

■ Comité régional du tourisme,
6, av. de la Marseillaise, 67000 Strasbourg
Tél. : 03 88 25 39 83

■ Club Vosgien de Strasbourg,
71, avenue des Vosges, 67000 Strasbourg
Tél. : 03 88 35 30 76

RÉPERTOIRE DES MUSÉES ET MONUMENTS

■ Musée archéologique, palais Rohan,
2, place du Château
Tél. : 03 88 52 50 00

■ Musée des Arts décoratifs, palais Rohan,
2, place du Château
Tél. : 03 88 52 50 00

■ Musée des Beaux-Arts, palais Rohan,
2, place du Château
Tél. : 03 88 52 50 00

■ Musée d'Art moderne et contemporain,
1, place Hans-Jean-Harp
Tél. : 03 88 23 31 31

■ Musée de l'œuvre Notre Dame,
3, place du Château
Tél. : 03 88 32 88 17

■ Musée Historique,
3, place de la Grande-Boucherie
Tél. : 03 88 32 25 63

■ Musée Alsacien,
23-25, quai Saint-Nicolas
Tél. : 03 88 35 79 23

■ Cabinet des Estampes,
5, place du Château
Tél. : 03 88 52 50 00

■ Centre Tomi Ungerer,
4, rue de la Haute-Montée
Tél. : 03 88 32 31 54

■ Galerie d'exposition de l'Ancienne Douane,
1a, rue du Marché-aux-Poissons
Tél. : 03 88 75 10 77

■ Musée zoologique,
29, bd de la Victoire
Tél. : 03 88 35 85 35

BIBLIOGRAPHIE

Généralités

■ *Encyclopédie d'Alsace,*
Publitotal, 1982-1985

■ *Histoire d'Alsace,*
dirigé par Philippe DOLLINGER, Éd. Privat, 1974

Guides

■ *Guide des Vosges,* tome 4,
Éd Club Vosgien, 1981

■ Guide vert Michelin *Rhin supérieur*, 1993

■ Guide vert Michelin *Alsace, Lorraine, Vosges,* 1994

■ RECHT R., KLEIN J.-P., FOESSEL G.,
Connaître Strasbourg, Éd Alsatia, 1997

Fédération du Club Vosgien
16, rue Sainte-Hélène – 67000 Strasbourg
Tél. : 03 88 32 57 96 – Fax : 03 88 22 04 72
www.club-vosgien.com
E Mail : info@club-vosgien.com
Ouvert du lundi au vendredi de 8h 30 à 12h
et de 14h à 18h, le samedi de 8h 45 à 12h
et de 14h à 18h

**Centre d'Information
de la Randonnée Pédestre**
14, rue Riquet – 75019 PARIS
M° Riquet, Ligne 7
Tél. : 01 44 89 93 93 – Fax : 01 40 35 85 67
E Mail : ffrp.paris@wanadoo.fr
Ouvert du lundi au samedi de 10h 00
à 18h 00 sans interruption

Strasbourg à travers l'histoire

De Strasbourg la romaine à Strasbourg l'européenne

En l'an 12 avant notre ère, les Romains fondèrent un camp militaire permanent qu'ils appelèrent Argentoratum, du nom du village celte voisin Argentorate. Le lieu choisi était une des îles aux sols mouvants et marécageux entourées par les bras de l'Ill près de son confluent avec la Bruche. Il s'agissait de la plus haute d'entre elles, situation qui en faisait un point d'observation en direction du Rhin, limite des possessions romaines.

Stèle à quatre dieux de la place Kléber (époque romaine). *Photo A.D.-CRDP.*

Depuis le Xe siècle, « Strassburg », la « ville des routes » (du nom de Stratoburgum que lui donnèrent les Alamans), faisait partie du Saint-Empire Romain Germanique. D'abord domaine de l'évêque jusqu'à la défaite de la chevalerie épiscopale face aux milices de la bourgeoisie urbaine à la bataille de Hausbergen en 1262, Strasbourg se donna un gouvernement de type oligarchique. Dotée par l'empereur d'un statut de ville libre impériale, elle était gouvernée par un Magistrat (exécutif) présidé par un Ammeister et divisé en conseils tels que celui des Quinze, préposé aux finances. Le patriciat urbain, la bourgeoisie marchande et les maîtres des corporations se partageaient le pouvoir.

L'évêque Lobiolus (cathédrale Notre Dame). *Photo C.WB.-CRDP.*

La ville s'étendit largement au-delà de son site primitif et se donna des remparts qui assurèrent sa sécurité. Elle connut un essor économique considérable grâce à un commerce florissant soutenu par la navigation fluviale : ses bateliers jouissaient d'un véritable monopole sur le Rhin supérieur. Ce développement fut accentué par la construction d'un pont sur le Rhin en 1388.

Cette prospérité économique rejaillit sur le patrimoine urbain (art religieux illustré par la construction de la cathédrale et de nombreuses églises ; art profane visible à travers les demeures patriciennes), ainsi que sur la vie intellectuelle et spirituelle : pensons au mysticisme rhénan des XIVe et XVe siècles et aux travaux de Gutenberg qui, résidant à Strasbourg de 1434 à 1444, fit de cette ville le berceau de l'imprimerie, cette véritable révolution.

Celle-ci fut le support par excellence de la diffusion du mouvement réformateur dans le domaine religieux. C'est en 1529 que le Magistrat décida de faire passer la ville à la Réforme, ce qui impliqua l'adoption de la Confession d'Augsbourg. Durant ce « Siècle d'Or » qui vit une véritable explosion dans les arts (avec les architectes Specklin et Schoch), les lettres (avec Thomas Murner, Jérôme Guebwiller, Jean Fischart) et la théologie (Martin Bucer...). Strasbourg fut un lieu de refuge pour les protestants français, lorrains et des Pays-Bas notamment. Dans ce contexte, le XVIe siècle vit aussi la création en 1538, par Jean Sturm, de la Haute École ou Gymnase qui acquit rapidement une grande renommée dans l'Europe entière. En 1621, l'empereur Ferdinand II lui accorda, pour prix de sa neutralité, une université complète.

Le palais Rohan. *Photo G.E.*

Mais, depuis la fin du XVIe siècle, la république était engagée dans un processus de déclin qui l'affaiblit inexorablement même si la ville ne souffrit pas directement de la Guerre de Trente Ans. Dans les années qui suivirent le traité d'Osnabrück (1648), la pression française se fit de plus en plus forte. La réduction à merci de la plupart des villes libres alsaciennes, les victoires de Turenne et de Créqui furent autant d'étapes qui menèrent à la « réunion » de Strasbourg au royaume de France en 1681. Vauban fit construire des fortifications dont la ville conserve encore quelques restes (la citadelle, le barrage en avant des Ponts Couverts).

La présence d'une importante garnison, le ralliement des notables se traduisirent dans les décennies suivantes par une floraison de palais et d'hôtels particuliers, autant d'indices d'un retour à la prospérité économique illustrée par le développement d'un commerce intense, d'un artisanat dynamique et d'une politique de construction. Strasbourg ne resta pas à l'écart de la vie intellectuelle : le « Siècle des Lumières » fut un véritable deuxième « Âge d'Or ». La vieille université, demeurée protestante, y gagna un renom européen : Schoepflin, Koch, Oberlin, Schweighaeuser y contribuèrent.

La citadelle. *Photo P.B.*

Le tramway, place Gutenberg. *Photo A.B.-CRDP.*

Le palais du Rhin. *Photo P.B.*

Strasbourg connut toutes les phases de la période révolutionnaire : ce fut dans les salons du maire De Dietrich que Rouget de l'Isle entonna en 1792 le « *Chant de guerre de l'armée du Rhin* » (qui passa à la postérité sous l'appellation de « *Marseillaise* »). De Dietrich fut victime de la Terreur l'année suivante. La vie politique fut pour le moins mouvementée jusqu'à l'avènement du consulat, puis de l'empire. Strasbourg retrouva la prospérité matérielle et joua un rôle de grande place de guerre.

Au XIXe siècle, les affaires reprirent au fil des années, la ville se modernisa (apparition de halles couvertes, généralisation des trottoirs, éclairage au gaz...), la prospérité fut favorisée par la création de liaisons ferroviaires mais aussi des canaux du Rhône au Rhin, de l'Ill au Rhin, puis de la Marne au Rhin. La vie intellectuelle et scientifique se développa de même : rôle des sociétés savantes, affirmation du rayonnement de l'université (citons les noms de Fustel de Coulange, Pasteur, Koeberlé, Kirschleger...).

Après les péripéties qui marquèrent la période s'étalant de la Restauration à la IIe République, la proclamation du IIe Empire entraîna pratiquement l'extinction de toute vie politique.

À la suite de l'annexion à l'empire allemand (1871), la ville connut un véritable bouleversement de son urbanisme : reconstruction des quartiers anéantis par le bombardement de 1870, édification de l'université impériale, construction de nouveaux quartiers (la « Neustadt ») conférant à Strasbourg son véritable aspect de capitale du « Reichsland Elsaß-Lothringen ». Un nouvel urbanisme s'imposa donc avec ses vastes perspectives, ses grands boulevards formant ceinture menant à la nouvelle gare, une superficie triplée par une enceinte moderne, construction d'une ceinture de forts avancés, aménagement d'une grande percée à travers la vieille ville... Ainsi se trouva rompue l'harmonie du vieux tissu médiéval.

Plan d'extension de la ville en 1880.
Photo Archives municipales-CRDP.

Place de l'Homme-de-Fer. *Photo G.E.*

L'entre-deux guerres fut une période d'incertitudes politiques et économiques qui vit cependant la naissance du port autonome en 1924, la création de la foire en 1926 et la poursuite de la grande percée dans les années 30. Après la Seconde Guerre Mondiale, la reconstruction des anciens quartiers abîmés par les bombardements de 1944 fut menée à bien.

Outre l'achèvement de la grande percée et l'aménagement de la place de l'Homme-de-Fer, ce fut la mise en route des opérations de l'Esplanade et de Hautepierre qui marquèrent l'évolution du paysage urbain dans les dernières années... Les palais du Conseil de l'Europe et des Congrès, le bâtiment abritant la nouvelle mairie et le centre administratif de la Communauté Urbaine ; autant de symboles prestigieux d'un rôle national et international que Strasbourg veut se donner, encouragé par une industrialisation moderne et diversifiée ainsi que par l'essor d'activités tertiaires de haut niveau (développement des trois universités environnées d'un dense tissu d'instituts et de laboratoires de recherche) sans oublier la création en périphérie de centres commerciaux et de nœuds autoroutiers. S'y ajoute une vie culturelle intense alimentée par le théâtre alsacien d'inspiration régionale, les revues du « Barabli », les productions du T.N.S., du Maillon et de l'Opéra du Rhin, sans oublier des manifestations bien ancrées désormais dans le calendrier comme le Festival de la Musique et « Musica ».

Les dix dernières années ont vu se succéder des réalisations urbaines qui affirment la double vocation de Strasbourg, ville européenne et métropole régionale : l'essor, avec le tramway, d'un transport en site propre, vecteur d'une nouvelle politique de circulation en ville menant à l'exclusion de la voiture particulière du centre ville que le piéton et le cycliste peuvent s'approprier. L'édification, en complément du Conseil de l'Europe, d'un véritable « quartier européen » englobant le Palais des Droits de l'Homme et l'immeuble du Parlement Européen avec son hémicycle. Projet en cours : la réalisation du contournement sud de Strasbourg qui induit la réorganisation de la place de l'Étoile, du Heyritz et du quartier de Neudorf. Ainsi se présente, en ce début de XXIe siècle, Strasbourg, grande cité rhénane riche d'une histoire bimillénaire.

Le quartier européen. *Photo B.H.*

Strasbourg ville verte

Strasbourg, née entre eaux et forêts. Cette expression rend bien compte de la situation de Strasbourg, entre les bras de l'Ill, au bord du Rhin. Les nombreux cours d'eau et canaux de l'agglomération, souvent aménagés en promenades, et les forêts rhénanes, patrimoine forestier inestimable, à moins de cinq kilomètres du centre-ville, donnent à Strasbourg un cachet exceptionnel.

Encadrée à l'ouest par le massif vosgien et à l'est par celui de la Forêt Noire, l'agglomération de Strasbourg se situe au centre du fossé d'effondrement rhénan. Ses sols et sous-sols, constitués de lœss et de galets d'origine alluviale, renferment la nappe phréatique la plus importante d'Europe dont l'épaisseur atteint 80 à 100 m à Strasbourg.

Le parc de la Citadelle. *Photo P.B.*

Les espaces verts, jardins familiaux et forêts en chiffres

– 303 hectares d'espaces verts publics de la ville de Strasbourg,
– cinq grands parcs publics (Orangerie, Pourtalès, Bergerie, Citadelle, du Contades),
– 1 315 points verts,
– 85 places de jeu,
– 20 805 arbres d'alignement à Strasbourg, 48 890 sur la communauté urbaine,

– 418 rues plantées,
– plus de 21 km de berges aménagées (Ill, Ziegelwasser, Rhin Tortu, Muhlbach, fossé des Remparts),
– production de 300 000 plantes aux serres municipales,

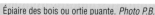
Épiaire des bois ou ortie puante. *Photo P.B.*

– 4 666 jardins familiaux,
– deux forêts rhénanes périurbaines (1 342 hectares),
– une réserve naturelle : l'île du Rohrschollen,
– un conservatoire botanique : reproduction de plantes autochtones menacées de la vallée du Rhin.

L'Ill à Ostwald. *Photo P.B.*

Cochevis huppé. *Photo P.B.*

Cigogne blanche dans le parc de l'Orangerie. *Photo P.B.*

L a faune

La faune qu'il est loisible d'observer à Strasbourg est identique à celle des espaces verts urbains et périurbains de France : cela vaut pour les diverses espèces de mésanges, merles, pics, moineaux,… sans oublier les pigeons domestiques. En zone plus rurale, on peut signaler la présence du cochevis huppé, espèce menacée. Parmi les rongeurs, seuls les écureuils se donnent volontiers en spectacle, la plupart des autres espèces ne se signalant que par un bruissement furtif au passage du promeneur.

Et la cigogne dira-t-on ? Nous sommes pourtant en Alsace, son pays d'élection ! Après un recul dramatique de sa population dû à l'altération de son biotope, elle a bénéficié d'un vigoureux effort de protection qui a fait sentir ses effets à partir du milieu des années 1980 en se traduisant par une nouvelle croissance des effectifs. Il convient cependant de préciser que les cigognes sont plutôt visibles dans les zones rurales. À Strasbourg même, elles ne peuvent guère être vues qu'aux alentours du parc de l'Orangerie où se trouve un enclos.

Voilà qui nous permet d'évoquer quelques représentants d'une faune dont la présence s'explique très largement par la présence du Rhin. Strasbourg s'est en effet construit dans la forêt rhénane qui a généré une faune adaptée au milieu humide et dont plusieurs espèces nous sont restées ou nous sont revenues.

Faisons un sort particulier au rat musqué et au ragondin, animaux introduits respectivement à partir d'Amérique du Nord et du Sud. Le premier, de mœurs nocturnes, peut atteindre 35 cm de long sans la queue, celle-ci étant plate à l'extrémité. Le second, de morphologie voisine de celle du castor, s'en distingue par la forme arrondie de la queue ; peu farouche, il est de mœurs diurnes. Les deux espèces peuvent se rencontrer dans des zones fortement habitées.

Mais c'est l'avifaune qui présente les caractéristiques les plus spécifiques : cygnes, canards colverts, canards souchets, fuligules morillons entre autres palmipèdes, foulques macroules, goélands et mouettes sans parler d'espèces effectuant des haltes migratoires telles le vanneau huppé. Des échassiers comme le héron cendré sont également familiers des berges du Rhin et de ses affluents. Parmi les rapaces, on relèvera la présence du faucon crécerelle.

Zone de refuge pour les oiseaux d'eau. *Photo P.B.*

Cheminer
dans Strasbourg

Strasbourg, cité rhénane, est paradoxalement née à l'écart de ce fleuve longtemps capricieux. Ses origines sont néanmoins intimement liées à l'eau : le cours de l'Ill et de son affluent, la Bruche, les abords du Rhin sont à l'origine d'un réseau dense de voies de communication (batellerie d'abord, mais aussi la route) qui éclairent l'origine étymologique de la ville, carrefour des routes.

Les itinéraires que nous proposons permettront au promeneur de découvrir plus de 2 000 ans d'histoire dont les témoignages abondent sur les pavés, à de nombreux coins de rue et sur plus d'une façade. De la cathédrale aux hôtels particuliers en passant par de nombreuses demeures bourgeoises, les constructeurs qui ont œuvré à travers l'histoire ont laissé de nombreuses traces de leur savoir-faire. N'oublions pas non plus les édifices plus récents, qu'il s'agisse d'œuvres léguées par les architectes du « Jugenstill » ou de l'art officiel de la période wilhelminienne. Tous contribuent à faire de Strasbourg une ville d'art.

Mais Strasbourg, ce n'est pas seulement la pierre. La multitude de parcs et jardins, les berges de l'Ill et du canal de la Bruche, les forêts des alentours font de Strasbourg une véritable ville « verte ».

Avec l'Ill, l'Aar, la Bruche et les canaux de la Bruche, de la Marne au Rhin et du Rhône au Rhin, sans oublier les rives du « Vater Rhein » et les étangs qui agrémentent parcs et forêts, l'eau est constamment présente et témoigne des origines de la ville. Elle lui confère aussi un caractère d'incontestable fraîcheur.

Le promeneur a ainsi la possibilité d'emprunter onze circuits de randonnée situés sur le territoire de Strasbourg et cinq autres communes de la communauté urbaine. Ajoutons-y plusieurs chemins situés dans les forêts périurbaines. Toute cette infrastructure permet de cheminer à son rythme, de s'attarder à sa guise et d'aller à la rencontre d'une culture propre à Strasbourg, faite de cosmopolitisme, d'apports légués par une histoire qui s'est toute entière déroulée « entre le coq et l'aigle » pour reprendre l'expression d'Alain Howiller.

Ville universitaire, ville de spectacles, ville d'art mais aussi de football et de sports aquatiques, Strasbourg mérite plus qu'un détour : un véritable séjour d'imprégnation que seule peut permettre la découverte à pied et au bout de laquelle on pourra se dire, à l'exemple de Germain Muller : « Do bin ich d'haim… » (« Ici, je suis chez moi… »).

L'Ill vu de la passerelle Ducrot. *Photo JM.P.*

Le « Stanislas – Kléber »

17 km

De la place Stanislas à Nancy à la place Kléber à Strasbourg, le GR® 534, répondant à un projet vieux de trois ans, assure la première liaison pédestre transvosgienne d'ouest en est. Inauguré en 1996, il a été, à l'occasion du 125ᵉ anniversaire du Club Vosgien l'année suivante, relié aux sentiers allemands et européens, renforçant ainsi les liens entre deux régions voisines.

Long de 271 km, le désormais célèbre sentier traverse Blamont, Cirey-sur-Vezouze, Abreschviller, Dabo, Wangenbourg, Wasselonne, le canal de la Bruche et enfin Strasbourg.

Le parcours urbain n'est pas inintéressant, permettant au contraire pendant 17 km de jeter un tout autre regard sur le vieux Strasbourg, de la Montagne Verte au pont de l'Europe en passant par la place Kléber (plaque commémorative du sentier au passage de la Pomme-de-Pin) et l'Orangerie (stèle rappelant que Strasbourg est au centre des sentiers européens de grande randonnée).

Le parcours décrit ici débute à Oberschaeffolsheim, commune la plus occidentale de la Communauté Urbaine de Strasbourg, et se termine sur le Rhin, au pont de l'Europe.

La place Kléber et la cathédrale. *Photo G.E.*

Oberschaeffolsheim. *Photo P.B.*

Place de la République. *Photo P.B.*

Les Ponts Couverts et le barrage Vauban. *Photo P.B.*

Frontière au pont de l'Europe. *Photo P.B.*

Petite France, place Benjamin Zix. *Photo P.B.*

1

D'Oberschaeffolsheim à la Montagne Verte

$\boxed{7 \text{ km}}$

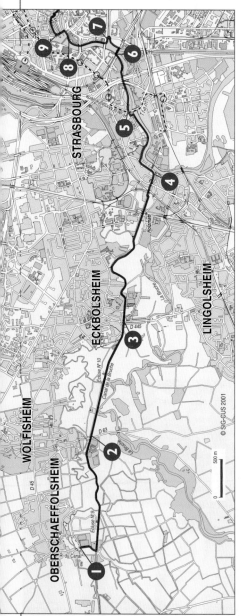

──① Le départ se fait à Oberschaeffolsheim, à l'extrémité sud de la rue du Canal.

B Terminus de la ligne de bus 51 « Oberschaeffolsheim Stade » *(ne circule pas le dimanche)*.

À partir du rond-point aménagé, longer le terrain de sport par la droite, monter sur la digue et traverser le pont sur le canal de la Bruche. Prendre à gauche la piste bitumée qui suit la voie d'eau. C'est à partir d'ici que l'on emprunte le sentier « Stanislas – Kléber » (GR® 534) vers l'est.

▶ *Il peut être agréable de quitter l'autobus urbain à l'arrêt précédent « Oberschaeffolsheim Canal » et de se diriger par la rue du Canal vers le sud. À l'angle de la rue de l'Église : deux belles maisons à colombages. En face, au 32 de la rue du Canal, puis au 40 : belles maisons avec poteau cornier (décor et inscriptions). Quelques pas plus loin, on retrouve l'itinéraire précédemment décrit.*

Oberschaeffolsheim

Ce petit village situé sur un talus de la basse Bruche comportait jusqu'au début du XXe siècle une trentaine de fermes qui, depuis les années 70, se sont transformées en villégiatures pour les Strasbourgeois.

– église Saint-Ulrich, reconstruite en 1783 dont le clocher est en partie roman. Autel et buffet d'orgue du XIXe siècle.

– chapelle Notre-Dame (1771) possédant un remarquable Christ de Saint-Sépulcre (XIVe siècle) avec cavité pour les piéta en biais du XVIIIe siècle (environ).

– monument funéraire dans le mur du cimetière de Jean-François Melchior, seigneur de Birkenwald. Le texte de l'épitaphe était encore visible sur une photographie de 1911.

Maison à Oberschaeffolsheim. *Photo P.B.*

Passer à côté de l'ancienne écluse n° 9 dont le bâtiment est joliment aménagé et fleuri. En été, une végétation luxuriante, dans laquelle scintille le nénuphar jaune, pare les berges. On verra aussi quelques oiseaux d'eau, des cygnes, diverses espèces de canards et surtout des poules d'eau. Dans les prés se tiennent parfois le héron cendré et, plus rare, la cigogne blanche.

Le canal de la Bruche à Oberschaeffolsheim. *Photo P.B.*

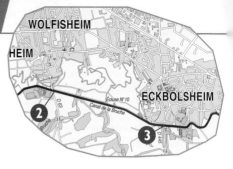

WOLFISHEIM

HEIM

ECKBOLSHEIM

Après quelques installations sportives qui se profilent sur la droite, déboucher sur la D 63 à l'entrée sud de Wolfisheim.

B Terminus de la ligne de bus 4 : « Wolfisheim Stade ».

—**2** **Poursuivre sur la rive sud du canal.** Dépasser une **nouvelle écluse** dont le sas, à l'abandon comme tous les autres, laisse passer le flot en une petite cascade. L'église protestante d'Eckbolsheim apparaît sur la gauche.

—**3** **Traverser la D 445 à la sortie sud d'Eckbolsheim.** À droite, se profilent des étangs de pêche, puis, des deux côtés de la voie d'eau, des aménagements de sports et

de loisirs. Le canal adopte un parcours plus sinueux, protégé sur sa rive sud par des arbres altiers qui prodiguent ainsi aux promeneurs (de plus en plus nombreux car on se rapproche de Strasbourg), une ombre bienfaisante. Plusieurs passerelles sont aménagées par-dessus le canal et mènent aux quartiers résidentiels d'Eckbolsheim et de Strasbourg Ouest.

La Bruche

L a rivière de la Bruche prend sa source à 690 m d'altitude, au pied du Climont, parcourt les terres fertiles de loess dans l'Ackerland (terre de labours) à travers bourgs et villages opulents comme La Broque, Urmatt et Molsheim et conflue avec l'Ill aux portes de Strasbourg à la Montagne Verte après un parcours en arc de 75 km.

Au XVIIe siècle, la Bruche est doublée d'un canal du même nom construit par Vauban. Il servait au transport du grès rose extrait de la carrière royale de Soultz-les-Bains pour construire la citadelle de Strasbourg. Plus tard, il permit l'acheminement de marchandises vers la ville à des fins commerciales, d'alimenter moulins et usines hydrauliques établis sur ses bords et d'irriguer les plaines avoisinantes.

Autrefois, l'eau de la Bruche servait également à la fabrication de la bière à Mutzig.

Aujourd'hui désaffecté, le canal retourne à la nature. Les portes des anciennes écluses sont démontées, les berges colonisées par de multiples variétés d'arbres, de fleurs aquatiques. Canards sauvages, poules d'eau, cigognes et ragondins contribuent au cadre bucolique et idéal de la piste cyclable et du sentier « Stanislas – Kléber » aménagés sur les anciens chemins de halage du canal.

Le long du canal de la Bruche. *Photo G.K.*

Wolfisheim

La synagogue de Wolfisheim. *Photo P.B.*

Située aux abords d'un chemin celte menant à Strasbourg, Wolfisheim appartient aux plus anciens villages d'Alsaciens. En dialecte, « wolfze » signifiait Heim de Wolfo, nom d'un chef de tribu qui avait fondé le village. La première mention écrite date de 717, sur un acte de vente de biens à l'abbaye de Saint-Étienne.

Wolfisheim se distingue surtout au cours des siècles par son activité religieuse. Chrétienne depuis le VIe siècle, catholique avec la construction d'une église, aujourd'hui disparue, en 1490, protestante dès 1525 jusqu'à l'introduction du simultaneum en 1690, accord autorisant la célébration, à tour de rôle, de deux cultes. La population est à majorité protestante jusqu'au milieu du XIXe siècle mais comporte, fait notable, une importante communauté israëlite. Cimetière et synagogue sont malheureusement fermés au public, hors journées du patrimoine.

Wolfisheim. *Photo P.B.*

Eckbolsheim

Mentionné pour la première fois en 884 dans un document de l'empereur Charles le Gros, ce village s'est d'abord développé sur le rebord de la basse-terrasse de la Bruche avant de s'étendre vers le nord et l'est. Eckbolsheim appartient à la banlieue ancienne de Strasbourg qui s'est étendue à la fin du XIXe siècle et dans l'entre-deux-guerres (maisons à colombage, église protestante, église Saint-Cyprien).

Le canal à Eckbolsheim. *Photo P.B.*

Cascade du canal de la Bruche. *Photo P.B.*

Au bout de la Holzmatt, franchir une voie ferrée par un passage inférieur. Dépasser une nouvelle écluse, dépourvue de l'habituelle maisonnette de l'éclusier, avant de traverser le canal pour atteindre sa rive nord. Par un passage inférieur, franchir d'abord une nouvelle voie ferrée, puis la route de Schirmeck.

B lignes 2, 12, 13, 15 et 50 : arrêt « Bruche ».

4 **Sur le quai de la Flassmatt, s'engager dans l'allée gravillonnée d'un parc pour suivre au plus près le canal** qui va se terminer à quelques mètres de là dans les eaux de l'Ill.
Laisser à droite la passerelle de la Flassmatt pour se diriger à gauche sous celle de l'Illhof. D'une grâce moderne et élégante, soutenue par des filins d'acier, elle permet aux piétons et aux cyclistes de relier les deux quartiers de la Montagne Verte et de l'Elsau.

Sur la rive nord s'étendent les installations de loisir (étangs et aires de jeux) de l'association de Pêche et de Pisciculture de Koenigshoffen. Un peu plus loin, un barrage laisse filtrer l'eau alimentant le Muhlbach qui s'apprête à serpenter à travers les zones de verdure du parc Albert Schweitzer et du stade Charles Frey. Puis, toujours sur la rive nord, se dressent les installations d'une imprimerie industrielle.

Sur les berges de l'Ill. *Photo P.B.*

Suivre au plus près les berges de l'Ill, ici aménagées en jardin public. L'itinéraire (losange rouge) rencontre la promenade circulaire de la ceinture verte (anneau rouge). **Emprunter la passerelle du Muhlbach** qui rejoint l'Ill à cet endroit.

Continuer par une sente étroite entre des propriétés privées à gauche et l'Ill à droite et qui se termine dans une aire de jeux tout près du quai du Brulig et de son croisement avec la rue de la Montagne-Verte.

T tram B et C station « Montagne Verte », à 200 m à gauche.

—❺ Traverser les rails de la ligne B du tramway, puis la rue de la Montagne-Verte. S'engager en face dans une zone arborée qui s'étend entre la rivière et la rue Louise-Scheppler.

Passer sous deux bretelles d'autoroute, et toujours au plus près de la rive, aboutir à un pont de chemin de fer (ligne Strasbourg – Kehl).

Île Gutenberg. *Photo P.B.*

La Montagne Verte et Gutenberg

Il existe deux origines au curieux nom de « Montagne Verte ». La première se rapporterait aux peupliers centenaires qui étaient plantés en groupe à cet endroit et qui ressemblaient, de loin, à une montagne escarpée. La seconde proviendrait, de façon plus vraisemblable, à une ancienne tour de guet appelée « Grüne Warte » (tour verte), vestige aujourd'hui disparu des murs qui ceignaient Strasbourg au XVe siècle.

Lieu de plaisance pittoresque, on peut s'arrêter porte de Schirmeck, à l'auberge du « Nid de Cigogne », l'un des pavillons de l'exposition industrielle et artisanale du parc de l'Orangerie en 1895. Il a été entièrement remonté ici formant à lui seul un petit écomusée.

Si à la saint Jean, vous croisez quelques imprimeurs strasbourgeois en pèlerinage, c'est en raison d'un Jean célèbre : Jean Gensfleisch, dit Gutenberg. Il habitait une petite maison en face du couvent Saint-Arbogast (aujourd'hui disparu), lorsqu'il inventa l'imprimerie à 25 caractères mobiles ainsi qu'une presse. Cette fameuse découverte lui valut … une montagne de procès.

Strasbourg n'en devient pas moins la capitale de l'édition pendant quelques siècles. Voltaire y séjourna pour cette raison et Beaumarchais fit publier ses œuvres, interdites en France, à Kehl, toute proche.

Les premiers poèmes de Rainer Maria Rilke, *Die Lautenlieder*, furent publiés à Strasbourg.

« Et c'est de ce pôle que par elle (l'imprimerie) la lumière jaillit dans le monde ».

2 De la Montagne Verte au pont du Corbeau

2 km

—**6** S'engager à gauche par un escalier sur le pont métallique, traverser l'Ill, qui, à cet endroit, rejoint le canal du Rhône au Rhin, et redescendre sur la rive droite. Par le quai Jean-Pierre-Magno, gagner la rue de la Plaine-des-Bouchers et franchir l'extrémité occidentale du bassin Dusuzeau, première darse du port autonome de Strasbourg.

—**7** Juste avant d'arriver au carrefour, dévaler à gauche une piste sablonneuse qui s'enfonce sous le pont Louis-Pasteur. Longer les bâtiments du lycée Pasteur, puis le quai Mathis qui se termine par un passage inférieur sous le pont du même nom.

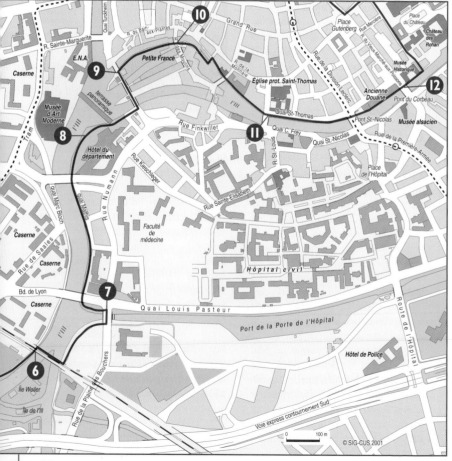

Ces voies rappellent le souvenir des frères jumeaux Albert et Adolphe Mathis (1874 - 1930 et 1944), deux auteurs lyriques de poésie dialectale. Le vieux Strasbourg, des réflexions sur le bonheur simple et la nature, en un langage proche du peuple strasbourgeois, caractérisent leur œuvre.

Après le pont Mathis, de la berge où sont installées à demeure quelques péniches, se font face en rive droite, l'hôtel du Département (voir p. 71) et en rive gauche le musée d'Art moderne et contemporain (voir p. 70). Au milieu de la rivière se profilent les arches du barrage Vauban surmonté d'une terrasse panoramique accessible aux visiteurs.

Barrage Vauban

Le barrage Vauban, appelé aussi « Grande Écluse », est un long bâtiment en grès qui n'a rien d'un barrage. Et pourtant, il était l'un des éléments essentiels des fortifications élevées selon les plans de Vauban à la fin du XVIIe siècle. Édifié en 1690 par Tarade, il permettait de renforcer le système désormais obsolète des Ponts Couverts. En fermant les herses, encore visibles, on empêchait non seulement les flottes ennemies de pénétrer dans Strasbourg, mais, en plus, on inondait l'arrière-pays sud, le rendant impraticable aux assaillants. Cet ingénieux système a fonctionné une dernière fois en 1870 lors du siège allemand de la ville. Après la guerre de 1870, la fortification fut surélevée d'un étage par un remblai de terre et recouverte de gazon. Elle servit alors de « Grand magasin à farines ».

En 1967, l'écluse a été transformée en terrasse panoramique d'où le regard embrasse les Ponts Couverts et la Petite France, baignée par les bras de l'Ill, en ayant la ville pour toile de fond. La vue est célèbre.

Dans la galerie intérieure, les travées bordant l'allée centrale servent d'entrepôts à l'œuvre Notre-Dame, conservant des milliers de sculptures et de moulages en plâtre. L'impression ressentie est étrange mais la fraîcheur bien agréable lors des chaudes journées d'été.

Strasbourg vue du barrage Vauban. *Photo P.B.*

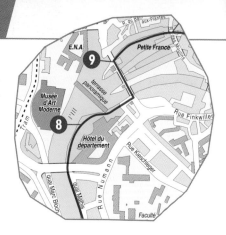

8 Emprunter une rampe, bordée d'un espace protégé pour les oiseaux aquatiques, **qui mène à la place du Quartier-Blanc,** l'élégant parvis d'entrée de l'hôtel du Département.

À l'extrémité de la place, s'engager à gauche sur les Ponts Couverts.

Les Ponts Couverts

La multiplicité des canaux (ceux de la Spitzmühle, Duntzenmühle et de la Zornmühle) obligèrent les constructeurs du troisième agrandissement de Strasbourg, au XIIIe siècle, à trouver une solution astucieuse pour défendre la partie occidentale de la ville. On eut l'idée de bâtir trois tours carrées et massives reliées par des ponts protégés d'un toit de tuiles. Autrefois en bois, munis d'un système d'archères, ceux-ci subirent de nombreuses transformations. Simples passerelles sur pilotis en 1784, désormais dépourvues de toitures, ils furent érigés en pierres en 1863-1865. C'est en cet état que le passant emprunte ces ponts non-couverts, aujourd'hui, dans le quartier éponyme, contemplant les tours et songeant peut-être aux hôpitaux et prisons qu'elles furent jadis.

Les Ponts Couverts. *Photo P.B.*

9 À la troisième tour, en face de l'impasse de la Grande-Écluse, **tourner à droite quai de la Petite-France,** une allée piétonne qui longe le square Louise-Weiss. **Monter l'escalier qui termine cette voie, puis s'engager à gauche sous une maison d'habitation pour aboutir dans la rue des Moulins.**

Les Moulins

Une simple passerelle sur les bras de l'Ill permettait jadis de se rendre de la rue du Bain-aux-Plantes au quartier des moulins. Elle fut remplacée pour des raisons militaires par un pont-levis, puis au siècle dernier, par un pont pivotant juste à l'aplomb des immeubles au n° 6 et n° 1 de la rue des Moulins.

Ces deux maisons sont remarquables. La première, au n° 6, d'époque Renaissance (les fenêtres à petites volutes des chambranles le prouveraient), ultérieurement surélevée, abritait les Bains Napoléon dès 1809, rebaptisés « Bains français » en 1814. Cet établissement fermera ses portes en 1958.

La seconde, au n° 1, également Renaissance, se distingue par la recherche décorative de son pan de bois et par l'ornementation des fenêtres à deux meneaux.

Des moulins, aujourd'hui, il ne reste plus que les noms. Dans cette rue, les moulins à blé, à craie et à épices fonctionnaient depuis 1620 grâce aux chutes d'eau. Différents couvents, quelques familles nobles, la ville et enfin différents particuliers devinrent successivement propriétaires de ces pittoresques demeures. Dans l'une d'elles, fort modeste au XVIIIᵉ siècle, naquit un certain Benjamin Zix, dessinateur du « Grand Quartier Général » sous Napoléon. (Une place célèbre, non loin de la rue des Moulins, porte son nom).

Le moulin de la Duntzenmühle subit en 1792 d'importantes transformations. C'est à cette date que furent installées des turbines pour fabriquer l'électricité nécessaire aux glacières (autrefois, l'approvisionnement en glace était tributaire des entrepôts souterrains de glace hivernale). Celles-ci, afin de faire face aux demandes constantes des brasseurs, suivirent une activité croissante jusqu'en 1930 pour tomber en désuétude avec l'arrivée du Frigidaire. On peut encore observer l'impressionnante salle des machines au n° 3-5, rue des Moulins.

Les moulins. *Photo P.B.*

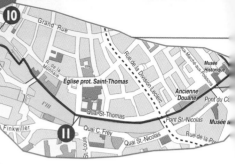

À gauche, se présente le pont du Faisan, l'un des deux ponts tournants de l'agglomération strasbourgeoise. Un système hydraulique le fait glisser sur pivot et piste de roulement en synchronisation avec l'écluse de la Petite France située quelques dizaines de mètres en aval.

Maison des Tanneurs, place Benjamin Zix. *Photo B.H.*

⑩ Poursuivre en face par le quai des Moulins qui se termine par une digue serrée entre l'écluse et les flots rugissants sortant des anciennes glacières. On se trouve ici dans un des quartiers les plus pittoresques du vieux Strasbourg, juste en face de la place Benjamin Zix et de la maison des Tanneurs.

Contourner l'écluse par la droite et au-dessus d'une passerelle, puis poursuivre à droite le long de la rive gauche de l'Ill qui retrouve ici un cours unique après s'être divisé en quatre bras.

La Petite France

Anciennement réservé à la corporation des tanneurs et des meuniers, grands utilisateurs d'eau, ce quartier n'a guère changé depuis le XVIe siècle. Le nom de la Petite France a pour origine l'hôpital qui se trouvait sur le quai de la Petite France à cette époque.

On soignait – mais on isolait aussi – dans cet établissement, les soldats de retour des guerres d'Italie menées par les rois de France et qui avaient contracté la syphilis ou « mal français ». Le langage populaire, persuadé de la responsabilité de la France, stigmatise l'hôpital par l'expression « Zum Französel », c'est-à-dire « À la Petite France ». Ce n'est donc pas pour son patriotisme que le quartier a été rendu célèbre, mais plutôt pour ses maisons à colombages aux toits caractéristiques sous lesquels les tanneurs séchaient les cuirs ou encore pour ses venelles, ses écluses, saules pleureurs, cygnes et coins secrets dignes d'un décor de cinéma. Joseph Losey ne s'est pas trompé en y tournant des scènes de *Monsieur Klein* ainsi que plus récemment l'*Inconnu de Strasbourg*.

Maisons du quartier de la Petite France. *Photo B.H.*

L'Ancienne Douane

Profitant de la navigation fluviale permettant l'acheminement de la production agricole (blé et vin), le quartier se développe et se voit doté, dès 1358, d'un « Kaufhus », grand entrepôt pour les marchandises en transit (taxées) et servant également de comptoir de vente. La fin du XIXᵉ siècle voit la fin des activités douanières avec la suppression des deux grandes grues qui servaient au chargement des marchandises.

Détruit en 1944, le bâtiment est reconstruit à l'identique, avec ses pignons crénelés. Aujourd'hui en cours de rénovation, l'Ancienne Douane abrite des expositions temporaires.
Le grand hall du rez-de-chaussée abrite une brasserie dont le caveau est typiquement alsacien.

Le quai des Bateliers et l'Ancienne Douane (à gauche). *Photo B.H.*

Longer les bâtiments du TJP (Théâtre Jeune Public) et ceux de l'école Saint-Thomas, situés en face du quartier du Finkwiller. À partir du pont Saint-Thomas, l'église du même nom est facilement accessible.

⓫ Rester sur la rive gauche et longer le quai Saint-Thomas. En face se présentent successivement les bâtiments du lycée Charles Frey, ancienne école du Dragon (Dracheschuel), construite pendant l'annexion allemande (1871-1918) en style imitant l'architecture de la Renaissance allemande, d'élégants hôtels Renaissance ou du XVIIIᵉ siècle du quai Saint-Nicolas et l'église du même nom, construite au début du XVᵉ siècle avec une tour de la fin du XVIᵉ siècle. La sacristie et la façade est datent de 1905.

Après le pont Saint-Nicolas, suivre le côté méridional de l'Ancienne Douane, à côté des piliers supportant la terrasse d'une brasserie. En face s'élèvent les immeubles du musée Alsacien.

Braderie sur le pont Saint-Nicolas.
Photo B.H.

3 Du pont du Corbeau au parc du Contades 2,5 km

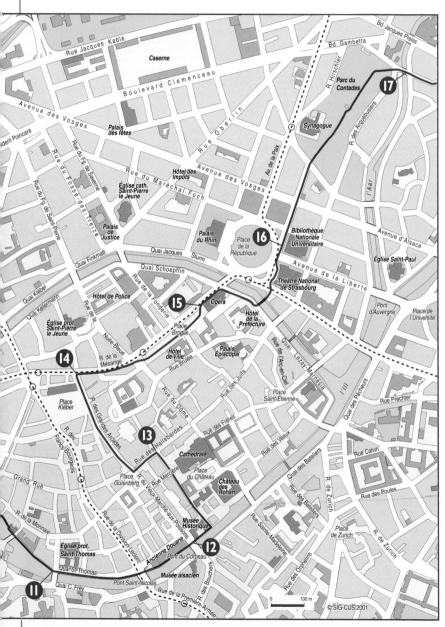

⓬ Passer sous le pont du Corbeau juste avant de longer l'Ancienne Grande Boucherie, aujourd'hui musée Historique. À ce bâtiment est accolée une maison paraissant bien minuscule. Elle abrite le débit de vin (Winstub) « Pfiffebrieder ».

C'est là que le parcours quitte la rive de l'Ill. Tourner à gauche, juste avant l'embarcadère des bateaux mouches, pour gagner la place du Marché-aux-Cochons-de-Lait.

La Grande Boucherie

Au centre de l'ancien quartier commercial, la Grande Boucherie remplace en 1586 les constructions insalubres qui faisaient pendant à l'Ancienne Douane et dans lesquelles les bouchers de la fin du XIIIe siècle jusqu'au milieu du XIXe siècle abattaient le bétail et faisaient commerce de viande.

L'architecte en chef de la ville, Jean Schoch en avait édifié les plans qui misent avant tout sur la fonctionnalité. Le bâtiment en fer à cheval donne sur une cour primitivement fermée par des constructions en bois qui servaient d'abattoirs : les immondices étaient ainsi déversés dans l'Ill. La tourelle d'angle renferme un joli escalier en colimaçon desservant à lui seul étage et combles où œuvrent

marchands de fils, de lin et de toile. Au début du XVIIe siècle, plusieurs bâtisses à colombage s'adossent à la Grande Boucherie, les installations d'abattage étant devenus trop exiguës. On procède enfin à quelques embellissements comme un puits gothique et un balcon devant la façade de l'aile est.

En 1859, les abattoirs sont transférés place Sainte-Marguerite et la Grande Boucherie, désaffectée, se convertit tour à tour en bibliothèque (1870), musée d'Arts décoratifs (1897) et musée Historique (1920).

Musée Historique. *Photo G.E.*

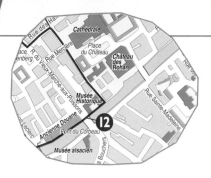

Rue du Maroquin. *Photo P.B.*

Gravir la rue du Maroquin, encombrée d'établissements touristiques et gastronomiques. Cette rue doit son nom aux nombreuses boutiques de chausseurs qui utilisaient ce cuir. Bordée de maisons étroites du XVIIe siècle, elle est, d'un côté de la chaussée, presque identique à l'origine. Déjà très animée autrefois, c'est par elle que les cortèges des visiteurs impériaux, partis du palais épiscopal aujourd'hui disparu, se rendaient à la cathédrale.

Au passage, cela vaut la peine de jeter un coup d'œil sur le petit jardin du musée de l'œuvre Notre-Dame avant de succomber à l'éblouissement soudain de la façade rose de la cathédrale de Strasbourg.

La place du Marché-aux-Cochons-de-Lait

L'essor des activités fluviale nécessite de mettre à disposition des marchands de nouveaux débarcadères à proximité de l'Ill. En 1262, l'évêque destitué et son palais rasé, une grande place se libère à l'endroit de l'actuelle place du Marché-aux-Cochons-de-Lait : c'est le « Holzmarkt » (« marché aux bois »). Bien vite, les marchés se diversifient. Au Moyen Âge, les éleveurs de cochons de lait venaient sur ce marché proche de la Grande Boucherie pour y vendre leurs animaux. Elle reste aujourd'hui un haut-lieu de l'animation touristique strasbourgeoise.

Place du Marché-aux-Cochons-de-Lait. *Photo P.B.*

La flèche de la Cathédrale.
Photo B.H.

Galerie des apôtres et anges musiciens.
Photo B.H.

La Cathédrale de Strasbourg

Dédiée à Notre Dame, la Cathédrale laisse pantois tant elle sait rendre au visiteur un sentiment d'élévation et de verticalité, de puissance et de finesse. D'une conception magistrale unique dans l'art occidental, toute en dentelle de grès rose, elle peut se concevoir comme un édifice témoignant de toute l'évolution de l'art gothique.

Parmi les curiosités de la cathédrale, citons principalement : sur le portail de gauche les vertus terrassant le vice ; sur le tympan les sculptures qui se lisent comme un livre d'images et sur le portail de droite les vierges folles séduites par le tentateur et les vierges sages accueillies par le divin Époux. Du côté de la place du château, les statues de l'Église triomphante et de la Synagogue aux yeux bandés n'ayant su reconnaître le Christ, mais surtout le couronnement de la Vierge et le Christ portant une statuette.

Le jardin du musée de l'œuvre Notre-Dame. *Photo P.B.*

35

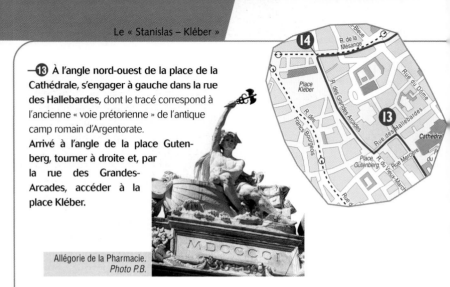

—⓭ À l'angle nord-ouest de la place de la Cathédrale, s'engager à gauche dans la rue des Hallebardes, dont le tracé correspond à l'ancienne « voie prétorienne » de l'antique camp romain d'Argentorate.

Arrivé à l'angle de la place Gutenberg, tourner à droite et, par la rue des Grandes-Arcades, accéder à la place Kléber.

Allégorie de la Pharmacie.
Photo P.B.

La maison Kammerzell

Cette maison est bâtie entre 1587 et 1589 par Martin Braun, riche négociant en fromages, sur un rez-de-chaussée en pierres de 1467. Acquise par un épicier du nom de Kammerzell, seulement au milieu du siècle dernier, puis par la ville en 1879 qui la fait restaurer, elle est un restaurant connu depuis le début de ce siècle.

Véritable joyau de l'architecture Renaissance, la maison Kammerzell présente des colombages dont le riche décor semble rivaliser avec la cathédrale, mais qui ont surtout servi à gagner de la place en diminuant les taxes foncières au sol.

L'ornementation d'une prodigieuse variété mêle vertus, personnages de l'Ancien Testament aux signes du zodiaque ou aux cinq sens. Certaines fenêtres en cul de bouteille sont d'origine, mais l'aspect général a été assombri par les différentes restaurations. À l'intérieur, les fresques de Léo Schnug (1905-1910) paraphrasent avec bonheur les artistes rhénans du XVIe siècle. L'artiste se représente d'ailleurs ça et là, le pinceau ou le verre de vin à la main...

La maison Kammerzell et la cathédrale. *Photo B.H.*

Les Grandes Arcades

Cette ancienne voie romaine située au bord du castrum est depuis toujours le théâtre d'une activité économique débordante. Menant au port de l'Ill, véritable axe de circulation entre le Nord et le Sud, l'urbanisme médiéval comprend son importance et dote la rue des Grandes-Arcades de gale-

ries couvertes, d'où elle tient son nom. Quelques bâtiments importants, dont les n° 10 (siège de la corporation des Pelletiers), le n° 17 (fin XVIᵉ), le n° 69 et ses pignons crénelés du Moyen Âge, mais surtout les n° 33, 35 et 37 : anciens magasins Manrique, tout de métal et de verre avec des éléments « Art Nouveau Contemporain » de la Samaritaine à Paris.

Rue des Grandes Arcades. *Photo P.B.*

La place Gutenberg

Les Romains avaient déjà investi l'emplacement de la place Gutenberg puisque une tête d'empereur, provenant probablement d'un arc de triomphe, y a été trouvée.

L'urbanisation ayant repris, la ville, libérée de la tutelle de l'évêque, décide en 1321 d'édifier un hôtel de ville autour de ce nouveau centre politique qui regroupera la Chancellerie (1462) et la Monnaie (1567). La splendeur qui émanait de ce haut lieu de l'histoire de Strasbourg qu'était la place du Marché-aux-Herbes n'existe plus. Tout est rasé au

XVIIIᵉ siècle. Seule la chambre de Commerce dite « Neue Bau » (1583), le plus bel exemple à Strasbourg d'architecture Renaissance, subsiste encore. En 1840, David d'Anger érige une statue à la gloire de l'inventeur de l'imprimerie et la place prend le nom de Gutenberg.

Place Gutenberg. *Photo B.H.*

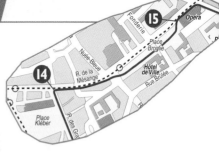

L'Aubette, place Kléber. *Photo G.E.*

La place Kléber

La place Kléber est certainement avec la place de la Cathédrale, le lieu le plus aimé des Strasbourgeois. Lieu d'affaires et de plaisir, elle est, avec la statue du général Kléber et l'Aubette, symbole du rattachement à la France.

Place des Cordeliers ou populairement « place des Déchaussés » (« Barfüsser Platz »), car elle abritait une église et un couvent de Franciscains, du Moyen Âge au XVIe siècle, elle est complètement redessinée en 1768 par l'architecte Jean-François Blondel sur ordre de Choiseul, ministre de Louis XV. Désormais nommée « place d'Armes », elle prend effectivement un visage militaire, cohérent avec ses zones de circulation distinctes et surtout avec la construction de l'Aubette (1778) où se donnaient à l'aube les consignes pour la garnison. De siège de la maréchaussée (1848) l'Aubette devient musée (1869), puis complexe de loisirs et lieu phare de l'art abstrait grâce à Hans Arp et Sophie Taeuber-Arp (1926) avec son nouveau concept d'architecture intérieure.

En 1840, la statue du général Kléber exécutée par le strasbourgeois Philippe Grass est inaugurée, fait unique, sur les cendres du dit général. Il est représenté avec, à la main, la lettre de l'amiral anglais Keith qui le somme de quitter l'Égypte (représentée par un sphinx). Mais Kléber s'y refuse et est assassiné le 14 juin 1800.

Déboulonné par les nazis, il trône de nouveau sur la place aujourd'hui complètement piétonne et habillée de pavés roses. Les lampadaires quant à eux, symbolisent des cigognes... au garde à vous!

À l'angle nord-est de la place, au droit du passage de la Pomme-de-Pin, se trouve la plaque commémorative de l'inauguration du sentier « Stanislas – Kléber ».

La statue du général Kléber. *Photo G.E.*

—⑭ **Par la droite et la rue de la Mésange, atteindre la place Broglie.**

🚋 tram B et C « Broglie ».

L'hôtel de ville. *Photo JM.P.*

La place Broglie

C e grand espace rectangulaire, longtemps à l'écart des centres de décision, tient lieu de marché aux chevaux, de foires et de tournois jusqu'au XVIᵉ siècle. Très vite, il permet également à la noblesse de jouir d'une vue dégagée, et de belles résidences se construisent. En 1740, le maréchal de Broglie, commandant de la province d'Alsace, lui donne son nom et transforme la place en promenade plantée de tilleuls. Dès 1825, des concerts sont régulièrement donnés dans un kiosque à musique placé devant le théâtre. Aujourd'hui, elle s'habille de toutes ses lumières pour accueillir le marché de Noël. Les bâtiments de la Banque de France, datant de l'entre-deux guerres, est à l'emplacement de hôtel De Dietrich, qui était le premier maire de Strasbourg sous la Révolution et l'ami de Rouget de Lisle (l'auteur de *La Marseillaise*).

De l'ancienne fonderie de canons construite sur le site du couvent Sainte-Claire, il ne reste que quelques bâtiments du XVIᵉ siècle. Bonaparte avait fréquenté l'école d'artillerie qui y est installée.

Le théâtre, inauguré en 1821, remplace le magasin à avoine qui servait de salle de spectacle.

L'hôtel de ville, construit à la française dans le style Régence par le dernier membre des Hanau-Lichtenberg est finalement occupé par sa fille, épouse d'un Hesse-Darmsdtadt. Propriété de la ville en 1806, Napoléon Ier l'échange contre le palais Rohan qui devient palais Impérial.

L'ancien hôtel Gayot, du nom de Félix-Anne Gayot, prêteur royal de Strasbourg est également construit entre cour et jardin et devient la demeure du futur roi de Bavière.

Place Broglie : le théâtre. *Photo P.B.*

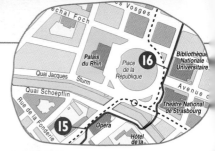

⑮ **Longer le théâtre par la gauche, sans franchir le pont du théâtre. S'engager à droite sur le quai Lezay-Marnesia** (à droite statue d'Adrien Lezay-Marnesia (1770-1814), préfet du Bas-Rhin de 1810 à 1814).

On se trouve alors devant la façade de l'hôtel du Préfet de la région Alsace (voir p. 97), ancien hôtel de Klinglin et siège de l'Intendance royale d'Alsace jusqu'en 1789.

La Bibliothèque nationale universitaire. *Photo P.B.*

La place de la République

La place de la République, anciennement place de l'Empereur, débouche symboliquement sur la vieille ville et le grand axe bordé des bâtiments administratifs, politiques et culturels, tous construits au début de l'annexion de l'Alsace-Lorraine.

Le palais Impérial (ou palais du Rhin) est d'abord élevé entre 1883 et 1888 par l'architecte berlinois Eggert. Conçu pour loger l'empereur (Guillaume Ier, puis ses successeurs), il ne remplira que rarement cette fonction et symbolisera surtout l'implantation allemande à Strasbourg.

Ce curieux mélange de monumentalité baroque berlinoise et de néo-Renaissance italienne a soulevé de nombreuses critiques mais aujourd'hui bien intégré à la ville, le palais du Rhin sert de siège à différents services administratifs et culturels.

Autour de la place s'élèvent également la Bibliothèque nationale universitaire et le Théâtre national de Strasbourg, construits par Hartel et Neckelmann entre 1888 et 1892. La BNU, malgré l'incendie de 1870, est la deuxième de France de par son fonds de plus de trois millions de volumes, plus de 2 000 incunables et 3 000 volumes du XVIe siècle et un important cabinet numismatique. Quant au TNS, couplé au conservatoire de Musique, il remplace le palais de la Diète d'Alsace-Lorraine depuis 1918.

Place de la République. *Photo P.B.*

Par la passerelle des Juifs, traverser le fossé du Faux-Rempart et gagner la place de la République.

T tram B et C « République ».

—16 Longer la bordure orientale de la place et s'engager en droite ligne dans la rue Auguste-Lamey. Après avoir traversé l'avenue des Vosges, qui constitue avec l'avenue de la Forêt-Noire un axe majeur et symbolique de l'extension de Strasbourg

après 1871, **déboucher à l'orée méridionale du parc du Contades.**

Après avoir traversé la rue Turenne, entrer dans le parc du Contades. À gauche s'élève la nouvelle synagogue.

Contourner le kiosque à musique pour atteindre l'angle nord-est de la zone arborée, au droit d'un coude de la rue des Arquebusiers.

Le parc du Contades – la synagogue de la paix

À partir de la place de la République, on est entré dans la « ville allemande », construite entre 1870 et 1918, sur les fortifications délabrées de Vauban, selon les plans des architectes Orth et Conrath. Aujourd'hui, ce quartier représente un des rares exemples encore intacts de l'urbanisme wilhelminien, recréant pêle-mêle tous les types antérieurs (néo-Renaissance, néo-classique...).

Le parc du Contades en est le principal espace vert. Aménagé en 1764 à l'emplacement du champ de tir « Schiesrain », il porte le nom du maréchal et marquis du Contades (commandant, pour le roi, la province d'Alsace entre 1763 et 1788).

La synagogue de la paix donnant sur le parc a été édifiée en 1954 par les architectes Meyer, Lévy et Berst. Elle remplace celle de style néo-roman de 1898 qui se trou-

vait quai Kléber et qui a été détruite par les nazis en 1940. Toute en béton, elle est soutenue par douze colonnes qui représentent les douze tribus d'Israël.

Le kiosque du parc du Contades. *Photo P.B.*

4 Du parc du Contades au pont de Kehl

5,5 km

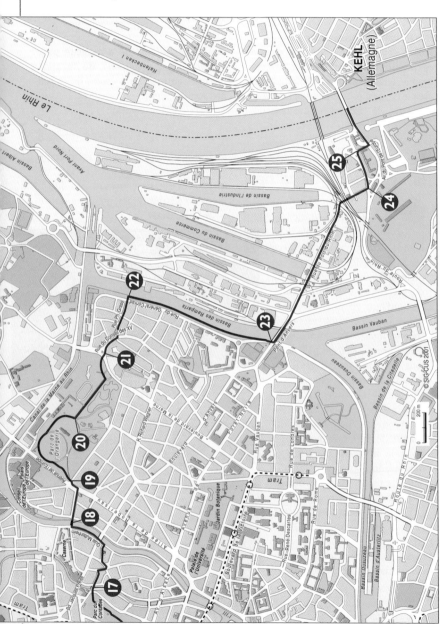

—17 Par une passerelle, traverser l'Aar (à droite, une belle villa), rejoindre le quai Zorn, puis s'engager en droite ligne dans la rue Werinhar.

À son extrémité, tourner à droite et, par la rue Erwin, rejoindre la toute proche place Ungerer. Il s'agit là d'un quartier de villas cossues dans une zone peu fréquentée, marquée par sa proximité géographique avec les institutions européennes.

Passerelle sur l'Aar. *Photo P.B.*

Les jardins Kammerer ou Lips et la villa Osterloff

Des résidences luxueuses, résultant d'une urbanisation galopante ont grignoté peu à peu les jardins Kammerer et « Lips » qui faisaient de ce quartier un ensemble charmant et pittoresque. Encore au milieu du XXe siècle, ce véritable îlot de verdure était parsemé de restaurants, de café et de terrasses très appréciés.

Seule, la villa Osterloff, du nom de ses propriétaires, est dépositaire de ce Strasbourg d'autrefois. Imaginée par l'architecte Nadeler en 1901, elle montre un savant dosage d'éléments du Moyen Âge et de la Renaissance avec ses loggias, ses terrasses et sa tourelle, véritables éléments d'un décor « historisant » alors à la mode.

Virer à gauche dans la rue Jean Hultz, puis à droite rue Heckler et parvenir au bord de l'Ill sur le quai Mullenheim. Suivre le cours de l'eau vers le nord. En face, le long du quai Rouget-de-Lisle, alternent des immeubles anciens (fin du XIXe siècle ou début du XXe siècle) au caractère architectural marqué et d'autres très modernes.
Passer sous le pont de la Dordogne.

—18 Traverser l'Ill par la passerelle Ducrot après avoir retrouvé au passage l'anneau rouge de la « ceinture verte » pour le quitter une fois la passerelle franchie.
Continuer par le boulevard Paul Déroulède, puis prendre l'allée de la Robertsau à gauche. La traverser 50 m plus loin et rejoindre l'angle sud-ouest du jardin de l'Orangerie.

B bus 6, 30, 72a.

19 S'engager en diagonale dans l'allée du parc. En suivant fidèlement le balisage, tourner à gauche dans le premier sentier pour suivre au plus près la limite nord-ouest de la zone arborée. À travers des parterres de fleurs superbement aménagés, se rapprocher des bâtiments abritant les institutions européennes.

Dans le parc de l'Orangerie. *Photo P.B.*

« Gänseliesel ». *Photo B.H.*

À gauche, une stèle de grès rose rappelle que Strasbourg est au carrefour des sentiers européens. Ce monument a été inauguré en 1997 lors du congrès commun Fédération du Club Vosgien – Schwarzwaldverein qui fêtait les 125 ans du Club Vosgien et les 100 ans du Schwarzwaldverein de Kehl.

Rester toujours dans le jardin en tournant vers l'est et en longeant sa limite nord. À gauche s'étendent les serres des services municipaux des parcs et jardins.
Contourner le pavillon Joséphine orné sur ses deux façades des magnifiques parterres fleuris.

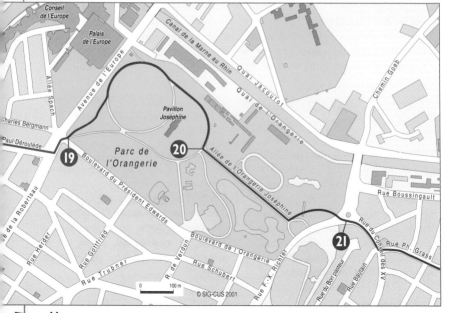

L'Orangerie

Un parc à la française créé par le maréchal d'Huxelles en 1692 devient dès le XVIIIᵉ siècle un lieu de promenade hors des murs apprécié des Strasbourgeois.

En 1804, l'architecte municipal Boudhors fait élever un édifice pour abriter les orangers du comte de Hesse-Darmstadt de Bouxwiller qui lui avaient été confisqués pendant la Révolution. Le bâtiment prend ce nom de « pavillon Joséphine » en souvenir des séjours de l'impératrice à Strasbourg et le parc, désormais à l'anglaise, celui d' « Orangerie ». Ravagé il y a une trentaine d'années par un incendie, le pavillon est reconstruit à l'identique et prend la fonction de salle d'exposition.

À gauche du pavillon, la statue d'Albert Schmutz représentant l'Alsacienne et l'Oie (ou « Gaenseliesel ») ornait avant 1900 un marché de légumes et de volailles à l'Ancienne Douane.

D'autres statues et fontaines parsèment le parc, comme celle dédiée à

Pavillon Joséphine. *Photo B.H.*

Victor Nessler, compositeur alsacien dont le « *Trompeter von Säckingen* » a été joué 6 000 fois et celle du singe avec le Dauphin, de 1905, intitulée... « Consul s'avance » !

À la même époque, une maison de 1607 de Molsheim dite « Buerehiesel » est reconstruite et abrite aujourd'hui un restaurant gastronomique.

Tout ceci, avec le lac artificiel et sa cascade, le pont, les kiosques et les temples, le petit zoo, le parc des cigognes en font un endroit toujours aussi populaire.

Le temple de l'Amour. *Photo B.H.*

20 Au droit de la façade orientale du pavillon Joséphine, s'engager vers le sud-est dans la Grande allée. Les jardins à la française laissent ici la place à un parc anglais avec son lac artificiel, ses rochers et sa cascade.

À l'extrémité de la Grande allée, gagner à gauche la limite du jardin au niveau du rond-point près des rues François-Richter et du Conseil-des-XV.

—㉑ **Emprunter la rue du Conseil-des-XV vers la droite et la quitter par la rue Philippe-Grass, deuxième rue à gauche.**

B bus 15 et 15a.

À son extrémité, traverser la rue du Général Conrad et poursuivre jusqu'au chemin de halage bordant le bassin des Remparts.

—㉒ **Par ce chemin, remonter le bassin vers la droite.** Sur le bord du bassin sont amarrés à demeure des péniches dont certaines sont joliment fleuries. À droite, au-delà de la rue de l'Yser, s'étendent la cité Rotterdam et le quartier Lecourbe. À gauche dans le bassin, l'ancien remorqueur, « Strasbourg » abrite le « Naviscope d'Alsace » (voir p. 59). Bientôt apparaît le pont d'Anvers. **Longer le chemin du bord de l'eau.**

—㉓ **Par un escalier à droite, se hisser sur le tablier de l'ouvrage.** Du centre du pont d'Anvers, s'offre une belle vue :
– vers le nord : le bassin des Remparts avec le « Naviscope »,
– vers le sud, à gauche, le bassin Vauban terminé par le pont du même nom, à droite, le bassin Dusuzeau avec l'embarcadère réservé au tourisme fluvial rhénan. Depuis le XIXe siècle, le Rhin est une destination courue par les amateurs de croisière (à l'origine férus de romantisme). Strasbourg, à ce titre, est autant une étape qu'un point de départ de ces voyages en bateau descendant le Rhin entre Bâle et Rotterdam sans oublier les principaux affluents : Moselle, Main, Neckar…

À droite du bassin Dusuzeau s'étend le quartier de l'Esplanade. Cet ensemble a été réalisé vers 1960 et regroupe des immeubles d'habitation et un important campus universitaire. À l'arrière-plan, on aperçoit les quartiers de la Musau et de Neudorf.

Au-delà du pont d'Anvers, s'engager tout droit dans la rue du Port-du-Rhin.

B bus 2.

Le bassin des Remparts. *Photo P.B.*

Le port autonome de Strasbourg

Le port autonome de Strasbourg. *Photo D.L.*

Strasbourg est, après Duisbourg, le deuxième port à trafic fluvial sur le Rhin. Outre les embarcadères destinés aux bateaux de croisière, le port de Strasbourg, placé sous régie autonome, abrite des entrepôts, de nombreuses aires de stockage ainsi qu'une zone industrielle.

Passer devant un bâtiment de style néogothique abritant une poste et des services de voies navigables de France. Derrière la construction s'étend le bassin du Commerce. Plus loin, se tiennent deux bâtiments marquants de l'histoire économique de l'Alsace : à gauche la société des Malteries d'Alsace, à droite la Coop d'Alsace (Union des Coopératives d'Alsace).

À l'extrémité de la rue du Port-du-Rhin, (on distingue à gauche le bassin de l'Industrie), **tourner à droite et, par la rue Coulaux, s'engager sous la voie ferrée.**

—24 Aboutir ainsi à la route du Rhin juste en face de l'office de tourisme.

B bus 2 et 21.

Traverser la voie et tourner à gauche pour passer devant le char Cherbourg dans lequel le maréchal des logis Albert Zimmer a trouvé la mort le 23 novembre 1944 lors de la libération de Strasbourg. Celle-ci fut le résultat d'une offensive éclair menée par le général Leclerc à la tête de la 2e D.B. en l'espace de trois jours.

La Malterie

Installée dès 1759 sur un terrain où ne se trouvait qu'un simple moulin, la Malterie de Strasbourg voit, avec la construction en 1989 d'une nouvelle unité, sa capacité de production tripler : elle passe d'une production de 30 000 tonnes par an à 90 000 tonnes par an.

Élément essentiel de la fabrication de la bière, les orges proviennent du Nord-Est de la France exclusivement (Lorraine, Côte-d'Or), subissant une phase de trempage (2 jours), de germination (4-5 jours), de touraillage et de séchage (2 jours).
Les céréales ainsi stockées sont livrées aux brasseries alsaciennes, à celles du Bade-Wurtemberg, en Bavière, mais aussi en Slovénie et au Venezuela.

25 **Au-delà des écoles du Rhin,** construites entre 1936 et 1938, **tourner à droite dans la rue Jean-Monnet et s'engager sous l'avenue du Pont-de-l'Europe. Prendre l'escalier à gauche pour gagner la rampe du pont qui traverse le Rhin.**

Sur la rive allemande, une plaque marque la jonction avec le sentier du Hanauerland, balisé par le Schwarzwaldverein (losange bleu), permettant de rejoindre la Forêt-Noire, par la ville de Kehl et la plaine du Pays de Bade.

Le Rhin

Le Rhin n'a cessé d'être au cours des siècles une route fluviale majeure, ouvrant la voie aux conquêtes, favorisant le commerce, la diffusion des idées, des techniques et des arts.

Fleuve fougueux, capricieux, provoquant de nombreuses crues et inondations, véritable « lion » pour Victor Hugo, il présente de nombreux obstacles, à la navigation... auxquels se rajoutent de nombreuses barrières de péage.

Après la Révolution, la convention de l'Octroi du Rhin harmonise ces taxes, mais surtout le projet de correction du Rhin est concrétisé entre 1817 et 1824 avec l'appui de différentes commissions et congrès (congrès de Vienne 1815, convention franco-badoise 1840).

La commission centrale pour la Navigation du Rhin est la première autorité intergouvernementale à voir le jour. Son siège se situe d'abord en Allemagne (Mayence, Mannheim), puis, après 1920, en Alsace, au palais du Rhin à Strasbourg. Elle élabore un statut international du Rhin (dont celui-ci reste l'unique bénéficiaire), supprime progressivement les taxes fluviales (du reste sous la pression du chemin de fer et des milieux économiques), entretient le chenal navigable, élabore des traités mais s'attelle surtout à la sécurité de la navigation (pollution, sécurité individuelle...) en créant son propre fonctionnement juridique et social. La commission centrale, en 180 ans, a su, en ménageant la susceptibilité de chacun, ouvrir la voie de l'Europe à Strasbourg. Son esprit d'équité et de respect de chacun est en effet le fondement même d'une Europe prospère, fraternelle et généreuse, unie par la grâce du Rhin.

Le Rhin. *Photo P.B.*

Les ponts du Rhin

Le pont du Rhin le plus connu est certainement le pont de l'Europe, construit en 1960 et reliant les deux villes frontières qui travaillent ensemble à l'édification européenne.

Il remplace le pont construit en 1860. Celui-ci de style néogothique possédait une astucieuse charpente métallique comportant des tabliers mobiles installés en bout d'ouvrage pour couper la route à d'éventuels ennemis. Malgré cela, le pont a sauté en 1870 côté allemand et a de nouveau été dynamité en 1940.

Le pont de l'Europe. *Photo P.B.*

Kehl

Ancien petit port de pêcheurs, Kehl a toujours été un point de passage du Rhin. Toujours convoitée, elle est fortifiée par Vauban et jouit des prérogatives d'une ville en 1774. Siège de la société littéraire de Beaumarchais, elle est à l'avant-garde de la pensée philosophique au XVIIIe siècle. Redessinée au XIXe siècle, elle développe ses activités portuaires et s'enrichit. Aujourd'hui, elle a la volonté ferme, avec Strasbourg, de travailler à la paix. En projet : la création d'un district européen englobant les deux villes.

Strasbourg, le Rhin et Kehl.
Photo A.-R. – CRDP

Liaison « Stanislas – Kléber » « ceinture verte »

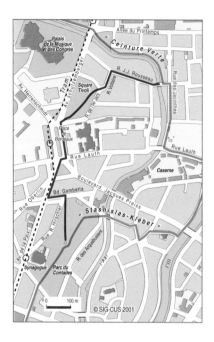

`1 km`

Maison de la Radio. *Photo G.E.*

Place de Bordeaux

Anciennement place de Schiltigheim, rebaptisée après la première guerre mondiale en mémoire de la protestation solennelle adressée le 1er mars 1871, à l'occasion de la session de la chambre des députés siégeant à Bordeaux, au gouvernement provisoire de la République Française. Ce manifeste était motivé par l'abandon de l'Alsace et d'une partie de la Lorraine à l'Allemagne victorieuse. Il fut notamment signé par les députés Jacques Kablé, Lauth, Jacques Preiss, Édouard Teutsch (dont on retrouve les noms dans les rues avoisinantes).

La place englobe l'ancienne place ainsi que l'espace libéré par la démolition, après 1922, de la muraille et de la porte de 1879. Elle présente l'aspect d'un immense carrefour bordé d'un environnement architectural hétéroclite dont se détache néanmoins à l'est la maison de la Radio et de la Télévision (siège de France 3 Alsace), œuvre de Devillier, Tournon et Verdier et inauguré en 1961. De l'extérieur, on peut voir le grand promenoir vitré précédant l'auditorium et où on peut admirer la vaste composition symbolisant la création du Monde. Celle-ci fut réalisée en carreaux de céramique par G. Gomila d'après un carton de Jean Lurçat.

Square Tivoli. *Photo P.B.*

Au centre du parc du Contades, après avoir passé le kiosque, laisser le « Stanislas – Kléber » sur la droite et suivre l'allée menant à l'extrémité de la rue René Hirschler (du nom du rabbin en charge de la synagogue de Strasbourg entre 1939 et 1943).
Traverser ensuite le boulevard Gambetta pour rejoindre l'avenue de la Paix. Suivre cette dernière sur le côté droit jusqu'à la place de Bordeaux.

T du côté ouest de la place, station « Lycée Kléber » de la ligne B.

Rester sur le côté droit de la place de Bordeaux pour rejoindre le square du Tivoli. Le traverser.

▶ *De là, possibilité à gauche, en allant traverser l'avenue Schutzenberger, de rejoindre le palais de la Musique et des Congrès. Construit par les architectes municipaux Sauer et Ziegler, il fut inauguré en 1978. Il comprend, sur un plan en hexagone de 6 500 m, un auditorium de 2 000 places et d'autres équipements. C'est le siège de l'orchestre philharmonique de Strasbourg.*

Du Tivoli, traverser la rue de l'Ile-Jars, prendre la rue Voltaire, tourner à droite dans la rue Jean-Jacques-Rousseau. On traverse ainsi un quartier de villas cossues de différents styles allant du néoclassicisme à des constructions intégrant des colombages. **Au bout de la rue, franchir l'Aar par un pont piétonnier pour rejoindre la rue des Iris** et l'itinéraire de la « ceinture verte » de Strasbourg.

Palais de la Musique et des Congrès. *Photo G.E.*

La « ceinture verte » autour de Strasbourg

| 15,5 km |

Ce circuit en milieu urbain permet de découvrir un aspect insolite de Strasbourg en utilisant les espaces verts et les chemins longeant les voies d'eau.

Cet itinéraire a aussi l'avantage de pouvoir être rejoint, ou quitté, en empruntant les transports en commun de la C.T.S.

Durant les 15,5 km de cette boucle, nous suivrons l'anneau rouge collé sur les poteaux électriques, arbres ou autres supports. Le trajet complet dure 4 h 30.

Aviron. *Photo P.B.*

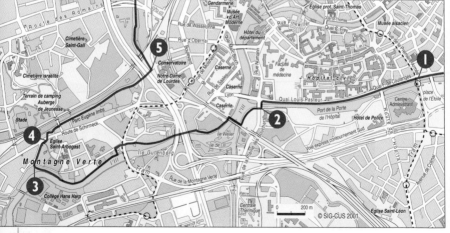

1

De la place de l'Étoile à la Montagne Verte   `3 km`

Cette randonnée débute place de l'Étoile.

T arrêt « place de l'Étoile » de la ligne A ou D du tram.

—❶ Emprunter le quai Fustel-de-Coulange et passer l'écluse.
Par le quai Louis-Pasteur, longer le bassin de l'hôpital et le canal du Rhône au Rhin jusqu'au pont. Traverser le canal par la passerelle pour piétons.

Place de l'Étoile (siège de la C.U.S.). *Photo G.E.*

—❷ Passer sous le pont et continuer sur la rive opposée jusqu'au pont du chemin de fer qui enjambe le canal et l'Ill. Emprunter ce pont, redescendre au bord de l'Ill et le longer jusqu'à la Montagne Verte par le Herrenwasser. Sur la rive opposée, on peut admirer l'île Gutenberg. Continuer le chemin jusqu'à l'arrière du parc bordant de grands immeubles.

—❸ Bifurquer sur la droite par la piste « Maurice Garin » et atteindre la route de Schirmeck.
Nous sommes à la Montagne Verte.

B lignes n° 2, 12, 13, 15 , 50 à proximité.

Les berges de l'Ill. *Photo P.B.*

2 De la Montagne Verte à la place de Haguenau [3 km]

4 Traverser la route de Schirmeck à hauteur de la station-service. De l'autre côté, continuer de suivre la voie d'eau en direction de l'auberge de jeunesse et du parc Eugène Imbs. Passer sous l'autoroute par le passage de la Laiterie.

5 Au sortir du tunnel, tourner à gauche et prendre le sentier de la Caponnière. Ce sentier va longer les anciens remparts et les ouvrages de défense de la ville de Strasbourg. **Rester sur le sentier et passer sous les ponts, ce qui évite de traverser les routes. Passer devant une première caponnière, puis sous la route des Romains.**

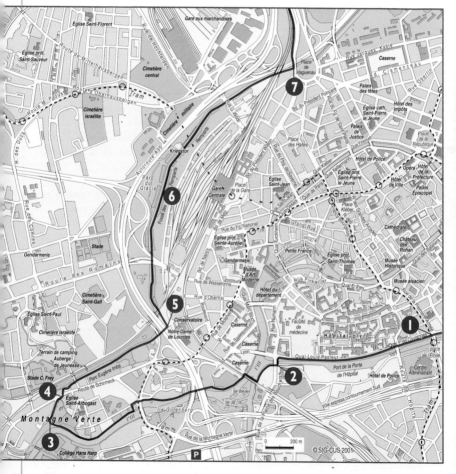

Kriegstor. *Photo P.B.*

Défenses de Strasbourg

A près l'incorporation à l'Empire allemand (traité de Francfort du 10 mai 1871), fut édifié un nouveau système défensif autour de Strasbourg afin d'assurer la protection de la ville en cas d'attaque française. Une enceinte de 15 forts (12 sur la rive gauche du Rhin, 3 sur la rive droite) fut construite de 1872 à 1887 sur une longueur totale de 33 km.

De ce système fortifié ne subsistent que le mur de l'hôpital avec ses embrasures (quai Pasteur), les bastions n° 5 (Orangerie), n° 11 (rue Jacques-Kablé), n° 14 à 16, la caponnière n° 15 (passage protégé par un blindage et abritant des postes de tir), le « Kriegstor » ou « porte de la Guerre » (terrain militaire), le bastion n°17 et la caponnière n° 17, des vestiges de la gare fortifiée de Strasbourg (la seule du genre en Europe) et des entrepôts d'intendance à trois étages derrière les bastions n° 14 et 15 (terrain militaire).

La gare fortifiée. *Photo P.B.*

—**6** Une deuxième caponnière, puis le « Kriegstor » apparaissent alors.
Franchir la rue Wodli par un passage en dénivelé et en tunnel. Suivre toujours le fossé jusqu'au débouché de la place de Haguenau.

B à droite : n° 6 « Wissembourg » par la rue de Wissembourg et n° 2, 4 et 10 « Place de Pierre » par la rue du Faubourg-de-Pierre.

Le fossé des Remparts. *Photo P.B.*

3 De la place de Haguenau au parc de l'Orangerie [4,5 km]

—❼ Franchir le fossé des Remparts, longer la place par l'ouest et emprunter le tunnel.

—❽ Passer sous l'autoroute, devant le cimetière Sainte-Hélène, et s'engager sur le chemin en face. Prendre sur la gauche le long des jardins familiaux. Traverser la rue de l'Église-Rouge et prendre sur la gauche, puis à droite le chemin longeant un nouveau groupe de jardins familiaux. Atteindre ainsi le carrefour de l'avenue Herrenschmidt.

T station « Rives de l'Aar » de la ligne B du tram.

—❾ Prendre la rue du Wacken, longer des immeubles abritant les sièges sociaux des banques régionales pour rejoindre la rive nord de l'Aar en obliquant à droite.

Franchir les rails du tramway et s'engager dans la cité Ungemach. Ce quartier de 138 pavillons a été construit en 1924 et 1925 par la « Société Alsacienne d'Alimentation » afin de loger des familles nombreuses de condition modeste. Cette réalisation illustre les préoccupations sociales de certains chefs d'entreprise soucieux d'assurer aux classes populaires des conditions de vie décentes (dont le pavillon avec jardin était le symbole).

—❿ À la passerelle Ungemach, tourner à gauche, puis à droite rue des Jacinthes. Prendre la rue Lauth à gauche, puis tourner à droite quai du chanoine Winterer. Traverser l'Ill par la passerelle Ducrot.

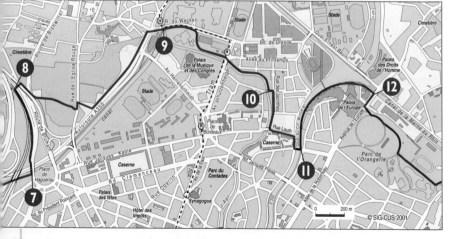

Cité Ungemach. *Photo P.B.*

—⓫ Emprunter la promenade sur berges passant au milieu des institutions européennes (cette portion est commune avec le sentier de l'Ill).

—⓬ Au pont de la Rose-Blanche, prendre à droite l'avenue de l'Europe et la traverser au niveau de la grande entrée du Conseil de l'Europe.
Pénétrer dans le parc de l'Orangerie à l'angle du boulevard du Président-Edwards. Le circuit chemine à l'intérieur du parc et en longe les limites (voir p. 44-45).

Continuer la route en prenant 50 m plus loin sur la droite. Passer sur le côté du pavillon Joséphine, puis longer le lac et divers petits monuments.

Après le lac, rejoindre la sortie en obliquant sur la gauche.

B bus 15 et 15a à 50 m de la sortie.

Jardins familiaux. *Photo P.B.*

4 Du parc de l'Orangerie à la place de l'Étoile

5 km

⑬ Quitter le parc de l'Orangerie. Prendre en face la rue du Conseil-des-XV, puis à gauche la rue Philippe-Grass. Traverser la rue du Général-Conrad et rejoindre les bords de l'eau. Tourner à droite et longer le bassin des Remparts.

Un certain nombre de péniches sont amarrées. L'une d'elles attire le regard par ses belles couleurs : c'est le « Naviscope Alsace ». **Reprendre le chemin pour arriver au pont d'Anvers.**

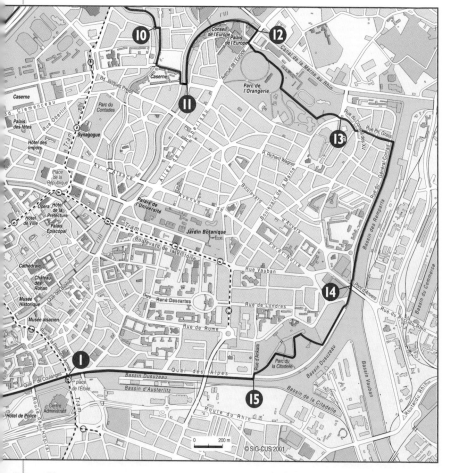

Le « Naviscope »

Le « Naviscope d'Alsace », le long du quai des Belges, est un véritable musée flottant de l'Alsace rhénane et fluviale autour de thèmes tels que la navigation, les mariniers, la vie sur le Rhin, etc... Il est installé dans l'ancien pousseur « Strasbourg » mis en service sur le Rhin de 1966 à 1990. Il propose un parcours très intéressant de la salle des machines jusqu'au pont, à travers maquettes animées, films, aquarium, plans du port, anciennes vues...

Le « Strasbourg ». *Photo P.B.*

—**14** Passer sous le pont et continuer jusqu'à hauteur d'un embarcadère. Franchir la route et rejoindre le parc de la Citadelle, fortification due à Vauban. Longer les fortifications et le fossé rempli d'eau.

—**15** Au sortir du parc, à hauteur de la rue d'Ankara, traverser le quai des Alpes pour rejoindre le bord de l'eau. Suivre le quai à gauche pour arriver place de l'Étoile.

La Citadelle

On y trouve encore les restes du premier ouvrage militaire construit, à l'initiative de Vauban et de Tarade, à la suite de la réunion de Strasbourg au royaume de France en 1681. Elle fut reliée, à l'origine de la fortification, à la ville elle-même par une esplanade (qui a donné son nom à l'actuel quartier de résidences et de facultés) servant à la fois de place d'armes et de découvert à la protection de la citadelle en cas de prise de la ville. Autrefois caserne, la citadelle a été aménagée en un parc d'une superficie de 12 hectares en 1964.

Parc de la Citadelle. *Photo P.B.*

Le sentier de l'Ill 16,5 km

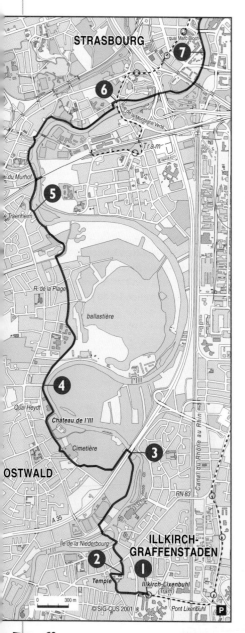

La création de cet itinéraire, balisé du losange bleu, a débuté en 2000. Il joindra à terme la source de l'Ill à Winkel, dans le Jura alsacien près de la frontière franco-suisse, à son confluent avec le Rhin en aval de La Wantzenau.

La portion décrite ici concerne la traversée de l'agglomération strasbourgeoise depuis Illkirch-Graffenstaden, au sud, jusqu'aux portes de Bischheim, au nord.

1 D'Illkirch à la Montagne Verte

8 km

T L'itinéraire prend naissance au terminus de la ligne A du tram à la station « Illkirch Lixenbuhl ».

1 Dans un premier temps, suivre le triangle rouge (sentier Rhinn Pfad).

Dans le prolongement des voies ferrées, s'engager vers l'ouest dans la rue Lixenbuhl, rétrécie entre deux rangées de maisons individuelles. **Au carrefour, prendre à droite route Burckel pour contourner un groupe scolaire, puis de nouveau à droite place du Temple.**

2 Tourner à gauche rue du Temple, traverser la route de Lyon et continuer par la rue Longue qui mène aux berges de l'Ill. Franchir un premier bras de l'Ill par le pont de la Niederbourg.

Après la traversée d'une zone d'immeubles résidentiels, franchir un second bras de la rivière par une passerelle, puis rejoindre à droite une piste bitumée. Après le stade d'Ostwald, elle se transforme en un large sentier.

Temple d'Illkirch

Le temple est le plus ancien bâtiment d'Illkirch. Son origine remonte au IXe siècle. La nef gothique date de 1418 et le clocher en colombage de 1942. On peut y admirer des vitraux du peintre Roger Muhl (1980).

Le temple d'Illkirch. *Photo P.B.*

—❸ Passer sous l'autoroute A35 près du restaurant de la Nachtweid. Prendre la rue du même nom et parvenir au cimetière d'Ostwald (curieuse chapelle gothique avec vitraux). Continuer par le quai Heydt et, au-delà du château de l'Ill, arriver au centre sportif et culturel que l'on contourne par la droite et les berges de la rivière.

—❹ Dans le prolongement du quai Heydt, s'engager sur une piste piétonne et cyclable qui suit le cours d'eau (flore propre aux lieux humides : balsamine de l'Himalaya, saules têtards, aulnes glutineux...) et continuer dans la rue du Rivage. Poursuivre par la rue de la Plage, puis celle des Champs et s'engager dans la piste de Traenheim aux confins des bans communaux d'Ostwald et de Strasbourg.

—❺ Après une roselière, suivre la rue de l'Elmerforst, le quai du Murhof, puis la piste des Quatre-Rivières. À travers une coulée verte (jonction avec les sentiers « Stanislas-Kléber » et « ceinture verte ») et en se tenant au plus près de la rivière, rejoindre le quai du Brulig. Tourner à droite et atteindre la rue de la Montagne-Verte.

T tram B « Montagne Verte » à 200 m à gauche.

—❻ La traverser et prendre la piste en face. Après deux ponts autoroutiers et un pont ferroviaire, le sentier « Stanislas-Kléber » et celui de « l'Ill » se séparent. Au-delà des voies ferrées, poursuivre le sentier de l'Ill en suivant au plus près le cours d'eau.

Le château de l'Ill. *Photo P.B.*

2 De la Montagne Verte à Schiltigheim

8,5 km

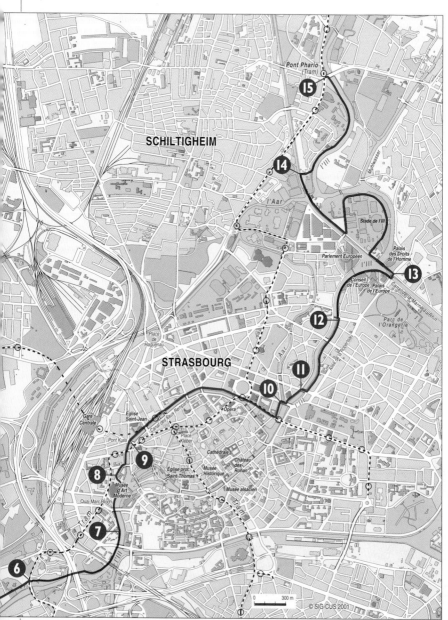

Lycée international des Pontonniers le long du canal des Faux-Remparts. *Photo B.H.*

vées dans le mur de soutènement – plus loin sur la droite, les tourelles de l'église protestante Saint-Pierre-le-Jeune, l'Opéra, l'hôtel du Préfet et l'église Saint-Étienne) **jusqu'à sa jonction avec l'Ill en face du quai des Pêcheurs et de l'église Saint-Guillaume.**
Par la promenade des berges, rejoindre le quai Koch.

T station « Gallia » de la ligne C du tram à proximité.

—⑩ **Traverser l'avenue de la Liberté, franchir l'Aar, puis longer l'église Saint-Paul** (en face : le palais universitaire) **par la droite et le quai Mullenheim.** À la hauteur de l'église Saint-Paul, l'Ill se divise en deux bras dont celui de l'ouest prend le nom d'Aar. Ces deux bras se rapprochent au niveau de la rue Lauth pour s'écarter à nouveau et décrire, avant de se retrouver définitivement, deux arcs de cercle englobant le terrain alluvial du Wacken.

—⑪ **Franchir l'Ill au droit de l'avenue d'Alsace par le pont Kennedy** et ses personnages allégoriques de la fonction fluviale de Strasbourg. **Rive droite, prendre à gauche le quai Rouget-de-Lisle** (quelques bâtiments remarquables de la période 1871-1914) **jusqu'à la rue du Général-Uhrich.**

—⑫ **Prendre la promenade aménagée sur les berges qui s'infiltre le long de l'eau au milieu des bâtiments des institutions européennes** (belle vue en direction de la cité Ungemach sur l'autre rive). **Longer à droite les bâtiments administratifs du Conseil de l'Europe** (sur l'autre rive : l'hémicycle du Parlement Européen et plus loin, de l'autre côté du canal de la Marne au Rhin : le siège de la Cour européenne des Droits de l'Homme). **Continuer jusqu'au pont de la Rose-Blanche et traverser le canal de la Marne au Rhin.**

—⑦ **Continuer sur la même berge de la rivière. Après l'embarcadère du Rowing Club, quitter le quai Marc Bloch par la droite** (promenade de la tour du Diable) **pour rejoindre le parvis du musée d'Art moderne et contemporain.**

T tram B et C « Musée d'Art Moderne ».

—⑧ **Contourner le bâtiment de l'ENA** (ancien couvent Sainte-Marguerite) **par la gauche, puis par le quai Charles Altorffer et le quai Saint-Jean, atteindre le pont Kuss.**

—⑨ **Au-delà du carrefour, dévaler un escalier pour rejoindre la promenade au niveau des berges. Suivre à présent le canal des Faux-Remparts** (à gauche l'église Saint-Jean et le centre administratif et commercial des Halles remplaçant l'ancienne gare où des armoiries sont conser-

—⑬ À gauche, s'engager quai Ernest-Bevin, traverser l'Ill par le pont Zaepfel et tourner à droite rue Pierre-de-Coubertin. Contourner par la droite les vastes installations du stade de l'Ill jusqu'au quai du canal de la Marne au Rhin.

—⑭ À la confluence du canal et de l'Aar, avant l'écluse 51, un crochet vers la droite ramène sur les rives de l'Ill. À la limite du ban communal de Schiltigheim, suivre la rive gauche de la rivière et, après le lycée Émile Mathis, déboucher rue du Marais, tout près du pont Phario.

🚋 tram B « Pont Phario ».

—⑮ Le sentier de l'Ill se poursuit vers le nord jusqu'au confluent de l'Ill et du Rhin.

Les institutions européennes

Le quartier des institutions européennes est une véritable ville diplomatique et administrative regroupant consulats, ambassades, le Conseil de l'Europe, le Parlement Européen et différents organismes comme le Centre Européen de la Jeunesse, la Fondation Européenne de la Science, le palais des Droits de l'Homme...

Alors que le choix de Strasbourg, terre de conflits comme siège des institutions européennes n'était pas évident après la guerre, des hommes politiques comme Charles Frey et Pierre Pflimlin ont réussi à donner l'élan nécessaire pour accueillir les représentants de la Nouvelle Europe.

Le Palais de l'Europe

Conçu par Henry Bernard en 1977, sa « massivité » symbolise la première pierre de l'édifice européen. C'est le siège permanent du Conseil de l'Europe créé en 1949 à Londres et, de 1976 à 1999, il a accueilli celui du Parlement Européen. Celui-ci utilisait une partie des locaux du Conseil de l'Europe à l'occasion de ses sessions, son secrétariat administratif restant basé à Luxembourg.

Le Conseil de l'Europe, organisation intergouvernementale rassemblant 41 pays a pour objectif de défendre les droits de l'homme, de favoriser le progrès économique et social des membres tout en construisant une identité culturelle européenne et d'aider au retour de la démocratie dans les pays post-communistes.

Son secrétariat général, composé de 800 fonctionnaires européens, applique les décisions de son assemblée parlementaire et du comité des ministres (41 ministres des affaires étrangères).

Le palais de l'Europe, siège du Conseil de l'Europe. *Photo B.H.*

Le quartier européen. *Photo B.H.*

Le palais des Droits de l'Homme. *Photo B.H.*

L e Parlement Européen

Instance parlementaire de l'Union Européenne, il permet la participation directe des citoyens à la construction européenne. Élus au suffrage universel, les 567 députés parlementaires des 15 pays membres décident du budget européen et travaillent en concertation avec Bruxelles (siège de la Commission Européenne et, pour les sessions parlementaires, tâche partagée avec Strasbourg) et Luxembourg (siège du secrétariat). Ils donnent également leur avis sur les directives communautaires du pouvoir exécutif. Il est depuis 1999 installé dans un nouvel hémicycle (IPE4) autour d'une agora, symbole de la place de la cité grecque qui est à l'origine de la démocratie.

Le parlement européen. *Photo B.H.*

L e palais des Droits de l'Homme

Cette plaisante architecture de l'anglais Richard Rodgers s'élève de l'autre côte de l'Ill dès 1995.

Reconnaissable à ses deux cylindres suspendus et recouverts d'aluminium (inspirés par Le Corbusier), elle abrite le siège de la commission européenne des Droits de l'Homme fondée en 1953 par René Cassin, prix Nobel de la paix, elle permet au Conseil de l'Europe de dépasser son rôle consultatif et d'acquérir un véritable pouvoir décisionnel.

De 1960 à 1995, la commission des Droits de l'Homme siégeait dans un bel immeuble cubiste de 1960 réalisé par Bertrand Monnet qui abrite aujourd'hui une bibliothèque.

Le patrimoine secret de Strasbourg

7,5 km

Cet itinéraire, qui permet de traverser quelques quartiers méconnus du vieux Strasbourg, vous mènera de la gare, témoin d'une civilisation ferroviaire à son apogée, jusqu'aux bords du parc de l'Orangerie. Il vous permettra de découvrir des quartiers typiques de la ville allemande d'après 1871 ainsi que le quartier Rotterdam, témoin de l'urbanisme d'après-guerre. Une autre façon de découvrir Strasbourg en dehors des flux touristiques.

Rue Martin Bucer. *Photo P.B.*

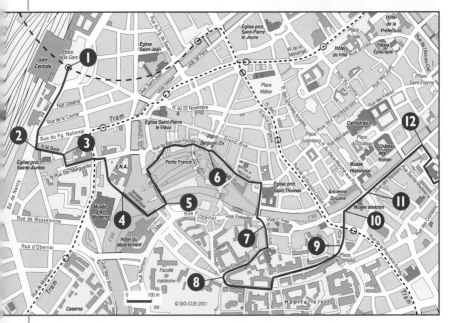

1 De la gare à la place de l'Hôpital $\boxed{3 \text{ km}}$

Le bâtiment de la gare

L e bâtiment de la gare, achevé en 1883, s'inscrit dans la catégorie des grands édifices allemands construits après 1871. De manière très significative, le hall des départs est orné des armoiries de la ville, du Reich, de l'Alsace et de la Lorraine. Les deux provinces sont représentées par des bas-reliefs allégoriques représentant les deux provinces rattachées à l'empire allemand. Sur les quais, une double marquise néogothique abrite les voies.

La place de la gare a fait l'objet de travaux de réaménagement réalisés à l'occasion de la construction de la ligne A du tramway ; on y trouve la seule station de la ligne en souterrain. On y accède par la galerie à l'En-Verre. En surface, un espace dallé en grès rose a été conçu pour limiter la circulation automobile en surface au profit de manifestations et animations occasionnelles.

Ce circuit débute place de la Gare.

T tram A et D « Gare Centrale ».

—① Face au bâtiment principal de la gare, se diriger vers la gauche jusqu'à l'extrémité sud de la vaste esplanade. S'engager boulevard de Metz en longeant les immeubles du côté gauche et traverser successivement la rue Déserte, la rue de la Course et la rue du Faubourg-National.

Place de la gare. *Photo G.E.*

B Bus 2 et 10.

Faubourg National

C ette rue porte le nom de l'un des faubourgs rattachés à la ville à la fin du XIVᵉ siècle. Autrefois appelé le faubourg Blanc, il devient faubourg National après la Révolution. Les boulevards de Metz, de Nancy et de Lyon marquent les limites extérieures de cet ancien quartier de jardiniers et de couvents.

—2 S'engager à gauche dans la rue Martin-Bucer et se retrouver dans l'ambiance paisible de l'îlot Sainte-Aurélie. L'église du même nom se profile à droite dans un enclos. Plus loin se présentent, plusieurs maisons à colombages (n° 9 et 13).

Tourner à droite rue Sainte-Marguerite (à gauche, impasse Sainte-Aurélie avec jolie maison à colombages) qui par un angle à gauche longe le bâtiment arrière de la clinique Sainte-Barbe.

—3 Traverser le carrefour formé par les rues Saint-Michel et de Molsheim en même temps que les rails de la ligne B du tram. **Traverser le grand parvis** (place Hans-Jean-Arp) qui s'étend entre les bâtiments de l'ENA et le musée d'Art moderne et contemporain.

T tram B et C « Musée d'Art Moderne ».

L'église Sainte-Aurélie

Bâtie sur une crypte qui avait renfermé le tombeau de sainte Aurélie, l'église primitive probablement fondée au VIIIe siècle serait l'un des sanctuaires les plus anciens de Strasbourg. Elle a longtemps servi de culte à la corporation des Jardiniers-Cultivateurs et Charrons (l'église des jardiniers). Dédiée à saint Maurice en 801, elle est plusieurs fois remaniée puis apparaît sous le vocable de Sainte-Aurélie en 1324.

Passée au culte protestant en 1523, les jardiniers de la paroisse choisissent pour pasteur Martin Bucer, né à Sélestat et organisateur de la Réforme à Strasbourg. Inlassablement, il tente de concilier les différents couvents du protestantisme.

Au XVIIIe siècle, Sainte-Aurélie est le seul édifice religieux important à Strasbourg, de telle sorte que son clocher roman dont la partie inférieure date du XIe siècle sert de tour d'observation pendant la Révolution. La nef est entièrement reconstruite en 1765, selon la tradition des bâtiments officiels de la Renaissance.

Église Sainte-Aurélie. *Photo P.B*

Aujourd'hui, son architecte nous est encore inconnu. Mais ayons toujours une pensée pour la cloche, qui derrière ses hautes fenêtres gothiques, est la plus ancienne de Strasbourg (1410). Remarquons aussi la chaire suspendue et l'autel à colonnettes qui datent de l'église de 1219. L'orgue d'André Silbermann (1718), restauré en 1963, est l'un des très rares buffets peints alsaciens du XVIIIe siècle.

L'ENA et l'ancienne commanderie Saint-Jean

Ce site exceptionnel, à l'entrée de la cité, par voie fluviale, a trouvé différentes vocations au cours des siècles : marchande, spirituelle, militaire et politique. Parmi elles, on note surtout une chapelle de la Sainte-Trinité (1125 – 1371) qui, abandonnée et agrandie, est confiée aux Templiers puis aux Hospitaliers de Saint-Jean de Jérusalem (1371 – 1633) grâce au banquier Rulmann.

D'importants souterrains relient les bâtiments entre eux et facilitent l'écoulement des eaux. En 1784, la commanderie devient un hôpital dont la cour d'honneur actuelle était le cimetière. À la fin du XVIIIe siècle, elle a été transformée en prison, pour pallier l'état désastreux des prisons des Ponts Couverts.

En 1991, le gouvernement, dans le cadre de la politique de décentralisation des organismes publics vers les régions décide le transfert de l'École Nationale d'Administration à Strasbourg.

Ancienne commanderie. *Photo G.E.*

Le musée d'Art moderne et contemporain. *Photo G.E.*

Le musée d'Art moderne et contemporain

Inauguré en 1998, le nouveau musée d'Art moderne et contemporain conçu par Adrien Fainsilber tente, avec sa grande nef vitrée et son corps de granit rose, de réconcilier l'art et l'architecture à son environnement fait d'eau, de lumière et d'histoire.

Une véritable rue intérieure dessert les différentes salles d'exposition et services ouverts au public : librairie boutique bien sûr, mais aussi café-restaurant sur terrasse panoramique, auditorium et bibliothèque dont le fond (65 000 titres) est le plus important des bibliothèques des musées de province.

De nombreuses fenêtres intérieures cadrent le paysage et les tableaux mais, surtout, c'est le parcours chronologique qui est novateur. Peu de musées français proposent en effet une fourchette chronologique allant de 1870 à nos jours.

De la salle Gustave Doré qui abrite l'immense toile du Christ quittant le Prétoire, on peut se rendre aux collections permanentes du rez-de-chaussée et de l'étage (avec notamment des artistes européens comme Monet, Gauguin, Rodin, Braque, Picasso, Ernst, mais aussi des artistes originaires d'Alsace ou y ayant travaillé comme Doré, Hans Arp, Spindler et Charles Winter).

Le lieu abrite également une salle d'art graphique, une salle d'expositions temporaires ainsi qu'une salle emplie d'objets ayant marqué l'art et la vie. Pour mieux comprendre l'art moderne mais surtout contemporain, un service éducatif rôdé propose entre autres conférences et visites guidées.

Le barrage Vauban.
Photo P.B.

❹ Accéder à l'extrémité ouest du barrage Vauban (voir « Stanislas – Kléber »). À gauche et à droite sur une petite butte, belles vues sur l'Ill, l'ancienne prison Sainte-Marguerite, les Ponts Couverts, la cathédrale, l'église Saint-Thomas et l'hôtel du Département.

S'engager dans le barrage Vauban à travers le passage Georges Frankhauser. À son extrémité est, il ne faut pas manquer de monter sur la terrasse panoramique – en fait la couverture de l'édifice. La galerie couverte se termine place du Quartier-Blanc devant le parvis de l'hôtel du Département.

B Bus 10.

L'hôtel du Département

À l'ancien emplacement de la caserne Barbade, occupée quelque temps par la CRS 37, est inauguré début 1990 l'hôtel du Département, vaste bâtiment administratif comprenant le conseil général, le centre de fonction publique et territoriale et tout ce qui concerne les affaires du département. Le projet, élaboré par Claude Vasconi avec la collaboration entre autres de messieurs Lever et Jacob, est ambitieux. Il ne s'agit pas ici de construire du moderne avec de l'ancien, mais d'adopter une approche avant tout urbanistique du bâtiment. À la pointe de la technologie, il suit la périphérie du terrain qui lui est attribuée et réconcilie les tensions de l'urbanisation du quartier entre la « médiévalité » de la Petite France, la faculté de médecine des années 60 et le nouveau musée d'Art moderne et contemporain. Gris foncé, de nuance variable selon le temps, sur un socle de granite rouge de la Baltique (plus coloré et moins friable que le grès des Vosges), bâti tout en courbes sur des anciennes fortifications de Vauban, l'édifice a été construit par Claude Vasconi (hôtel de ville de Toulon 1990, centre de chirurgie hépatobiliaire de Villejuif, opéra et palais des congrès de Montpellier), fameux architecte – originaire de Rosheim.

L'accueil est cependant mitigé : « le vaisseau fantôme émergeant des brumes strasbourgeoises » est perçu comme un scandaleux et coûteux (200 MF) parking couvert. Mais aujourd'hui, les fonctionnaires se sont approprié le bâtiment et les riverains peu à peu... prennent le large.

L'hôtel du Département. *Photo P.B.*

Maison à colombage. *Photo B.H.*

⑤ En suivant le losange rouge du « Stanislas-Kléber », traverser les Ponts Couverts pour descendre à droite les escaliers du quai de la Bruche, longeant le plus septentrional des quatre bras de l'Ill, au début du quartier de la Petite France.

Après un platane vénérable et imposant, s'engager dans l'une des venelles terminant la rue du Quai. Prendre alors à droite la rue du Bain-aux-Plantes.

C'est là, au-delà de la rue du Coq, que se trouve l'un des quartiers les plus pittoresques, les plus touristiques aussi, du vieux Strasbourg. La taverne des Tanneurs (le « Lohkäs »), la maison des Tanneurs (« Gerwerstub »), le pont tournant de la rue des Moulins, la place Benjamin Zix, l'écluse du canal de navigation sont les points remarquables de cet espace constamment animé.

⑥ Poursuivre par la rue des Dentelles aux maisons remarquables (n°s 3, 5, 6, 10) avec pour certaines des cours intérieures qui méritent une visite (n° 9 : construction de la fin du XVIe siècle – cour carrée et tourelles d'angles avec escaliers à vis).

Les moulins. *Photo P.B.*

Continuer tout droit par la rue de la Monnaie dont le nom rappelle l'ancien hôtel de la Monnaie (la ville libre de Strasbourg battait monnaie jusqu'en 1681) et dont l'emplacement est occupé aujourd'hui par l'école Saint-Thomas, un édifice néobaroque construit au début du XXᵉ siècle.

Arriver ainsi place Saint-Thomas : côté nord, l'immeuble de la Caisse d'Épargne au style néo-Renaissance (1904) ; côté sud, l'église Saint-Thomas.

Par la rue Martin-Luther, passer devant la façade occidentale de l'église.

L'église Saint-Thomas. *Photo P.B.*

Quai Saint-Thomas

Au début du XIXᵉ siècle, le quai Saint-Thomas apparaît sous la forme d'une bande de terre mal soutenue. Le maire Brackenhoffer le fait élargir et consolider. Cet état de fait n'a pas empêché, au XVIIIᵉ siècle l'installation d'hôtels bourgeois et l'élévation des bâtiments du chapitre Saint-Thomas. Ces derniers (aux nᵒˢ 1a et 1b) abritent le directoire de « l'Église de la Confession d'Augsbourg d'Alsace », le siège du séminaire protestant avec sa bibliothèque et la fondation Saint-Thomas. Ces trois pavillons ont été édifiés de 1772 à 1803 par l'architecte Samuel Werner, inspecteur des travaux municipaux et ne sont pas sans rappeler les sobres bâtiments du lycée Fustel de Coulanges ou de l'institution des Enfants Trouvés, rue de l'Académie. Au nᵒ 3 s'élève l'ancien hôtel Weitz, un négociant qui le reconstruit en 1737, mais fait faillite en 1771. Au XIXᵉ siècle, il devient hôtel de Billy, général de l'armée. Le plus bel ornement sont les oriels, dont la présence est étonnante au XVIIIᵉ siècle, recouverts de ferronnerie à la française et non de traditionnels clochetons pointus. Par l'essai d'harmonisation d'un certain nombre de données traditionnelles avec une nouvelle manière de bâtir, typiquement française, l'hôtel Weitz occupe une place essentielle dans l'architecture civile du XVIIIᵉ siècle strasbourgeois.

Au nᵒ 7, la plus célèbre des demeures n'existe plus depuis la percée de la rue de la Division-Leclerc dans les années 30. C'était l'hôtel de l'Esprit (« zum Geist »), bâtiment de cinq étages que nous restitue une gravure de Benjamin Zix. Jean-Jacques Rousseau y résida, ainsi que le jeune Goethe aux premiers jours de son arrivée au printemps 1770, avant d'habiter rue du Vieux-Marché-aux-Poissons.

—❼ Prendre le pont Saint-Thomas (vue sur l'ensemble architectural du quai Saint-Thomas), pour **accéder au Finkwiller** (de « Fink » : pinson), ancien quartier de jardiniers et de pêcheurs au sud de la Petite France. **Traverser la place Saint-Louis** (à droite splendide édifice à colombages et à encorbellement), puis la rue Saint-Louis (à gauche église Saint-Louis), avec plusieurs belles maisons du XVIIIᵉ siècle (nᵒ 4, 6 et 8).

Communauté des Diaconesses.
Photo P.B.

Place Saint-Louis et l'église Saint-Louis. *Photo P.B.*

Passer devant le café-théâtre de la Choucrouterie et tourner à droite rue Sainte-Élisabeth, bordée de part et d'autres d'immeubles de la communauté des Diaconesses. À l'extrémité de cette rue, à droite, au nᵒ 1, l'hôtel du Haras national.

L'église Saint-Louis

Sous l'invocation de saint Louis, Louis XIV fait élever en 1687 une église paroissiale sur l'emplacement d'un hôpital et d'une chapelle Sainte-Barbe, fondée en 1311 par le chevalier Jean in Kalbersgasse et démolie en 1476.

Au XVIIIᵉ siècle, on y ajoute un pension-nat noble. Convertie en bien national en 1799, l'église Saint-Louis devient magasin de tabac. Complètement restaurée au début du XIXᵉ siècle, elle est rendue au culte catholique en 1827.

À l'intérieur, remarquons un cycle de trois peintures tapissant le chœur et dans le plus pur goût romantique. Martin Feuerstein y dépeint les différents épisodes de la vie de saint Louis.

La communauté des Diaconesses

La rue Sainte-Élisabeth conduit sur les lieux du premier couvent fondé à Strasbourg par les Dominicains en 1224. Lorsque ceux-ci le quittent pour rejoindre la place des Déchaussés (l'actuelle place Kléber), une communauté de femmes dominicaines dites des Diaconesses vient s'installer (1234) dans ce quartier aux trois-quarts immergé. Ce couvent est placé sous l'invocation de sainte Élisabeth de Hongrie, dont une belle statue se trouve à l'intérieur de la cathédrale, du côté sud. Ici, la rue prend simplement son nom. Au XIVe siècle, l'établissement, situé en-dehors de l'enceinte, peut offrir un abri à l'ennemi : le magistrat de la ville le fait démolir en 1392.

Mais les Diaconesses sont toujours sur les lieux, dans des immeubles bordant la rue Sainte-Élisabeth.

Le Haras national

En général, le portail d'honneur est ouvert : le visiteur un peu curieux peut alors entrer et obtenir une vue d'ensemble sur les bâtiments. L'édification du complexe architectural s'est déroulée en deux étapes correspondant chronologiquement à l'installation de l'académie municipale d'équitation suivie quelques années plus tard par celle du Haras royal.

En 1752, le maître maçon suisse Jacques Gallay se voit confier la première partie des travaux. C'est alors un long bâtiment d'un étage, côté rue, prolongé côté cour par un bâtiment perpendiculaire de même facture qui abritait une petite écurie et le grand manège. Le portail au corps du logis est remarquable, ainsi que les arcatures surbaissées.

Entre 1756 et 1760, le chantier couvert acquiert une autre dimension avec le programme royal du haras qui nous vaut la grande écurie, véritable « hôtel du cheval » dans la tradition classique. Rigueur, sobriété, répartition précise du décor, telles sont les qualités de ce bâtiment, somme toute utilitaire. Donnant sur la rue dessinée par Christiani en 1760, l'imposant portail est d'architecture plus locale. Sur la partie supérieure, les « armes du roy » : fleur de lys, couronne et chiffre du roi sont manquants.

L'hôtel du Haras national fonctionne encore de nos jours.

Le Haras national. *Photo P.B.*

Jardin, rue des Diaconesses. *Photo P.B.*

8 **Après la clinique des Diaconesses, tourner à gauche pour entrer dans l'enceinte des hospices civils de Strasbourg. Traverser ce vaste espace** occupé par différentes cliniques et instituts de recherche.

Par un décrochement à gauche, passer entre la clinique ophtalmologique et la médicale A pour accéder aux bâtiments les plus intéressants de cet ensemble : à gauche, l'ancienne boulangerie (1572) avec linteau sculpté, puis la pharmacie (1537) avec de grandes fenêtres à arcades et un étage à colombages et encorbellement ; à droite, après l'église, un grand édifice de la première moitié du XVIIIe siècle.

Par la porte principale, sortir vers la place de l'Hôpital. À droite, chœur de la chapelle Saint-Erhard orné de la porte du « Theatrum Anatomicum ». À droite, derrière la chapelle, subsiste la tour de l'hôpital (XIIIe siècle) couronnée d'une lanterne destinée à des observations astronomiques.

T Tram A et D « Porte de l'hôpital » à proximité par la rue des Bouchers.

Place de l'Hôpital. *Photo G.E.*

Façade nord du grand édifice de l'hôpital civil. *Photo P.B.*

Grand édifice de l'hôpital civil

L'hôpital civil, vaste ensemble construit entre 1395 et 1398 abrite notamment un grand édifice de la première moitié du XVIIIᵉ siècle. La façade s'étend sur 150 m suivant les fortifications médiévales. Au rez-de-chaussée s'ouvrent cinq arcades surmontées d'un balcon richement grillagé couronné par un vaste fronton percé de trois œils de bœuf. Le portail, flanqué de deux colonnes d'ordre composite porte l'inscription de 1724 et 1741. La façade au nord, austère sans être monotone, est incontestablement inspirée de l'hôpital militaire édifié à la fin du XVIIᵉ siècle sur ordre de Louis XIV.

L'hôpital civil de Strasbourg. *Photo G.E.*

2 De la place de l'Hôpital au Jardin Botanique

$\boxed{2,5 \text{ km}}$

Le tramway devant l'église Saint-Nicolas. *Photo G.E.*

—9 En longeant le bâtiment des Archives municipales par la gauche, s'engager dans la rue d'Or, traverser la ligne A du tram pour arriver sur le quai Saint-Nicolas (à gauche, église du même nom).

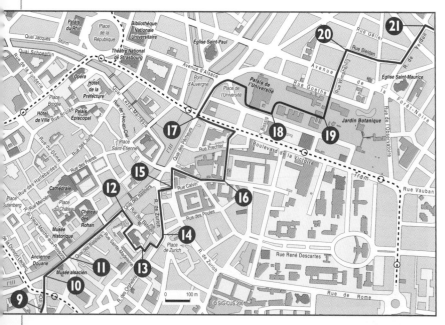

L'ancienne Douane. *Photo P.B.*

L'église Saint-Nicolas

L'église Saint-Nicolas n'offre que peu d'intérêt du point de vue de l'architecture, somme toute assez ordinaire à la fin du XIVe siècle. Elle remplace une chapelle beaucoup plus ancienne construite sur un site romain et que le chevalier Gauthier Spender en 1182 avait dédiée à sainte Marie-Madeleine et saint Nicolas, protecteur des bateliers.

En 1314, la chapelle et ses revenus sont incorporés au chapitre de Saint-Thomas et seul le vocable de Saint-Nicolas reste au monument. Diebold Mosung conçoit le chœur et la nef en 1454. Le clocher actuel ne remonte qu'à 1585.

—**❿ Emprunter le quai Saint-Nicolas vers la droite** (en face, l'Ancienne Douane) et passer devant les bâtiments du musée Alsacien.

Le musée Alsacien. *Photo P.B.*

Cour intérieure du musée Alsacien.
Photo G.E.

Le musée Alsacien

En 1902, un groupe de personnalités et d'artistes comprenant notamment Théo Burst décide de conserver les traditions de la province face à la germanisation de l'occupant. Il fonde la « Société du Musée Alsacien » et acquiert cinq années plus tard le n° 23 du quai Saint-Nicolas, ancienne propriété des commerçants Eschenauer.

Le musée retrace tout particulièrement différents aspects, tant religieux, domestiques que professionnels de la ruralité alsacienne.

On entre par la porte charretière gauche pour aboutir dans la cour intérieure reconstituée. Au rez-de-chaussée, on découvre une chapelle de campagne, les salles du vignoble, de la corderie et l'atelier du forgeron. Au premier étage, on pénètre dans la « Grosse Stube », (chambre de paysans aisés avec son poêle à bois), les salles de jouets anciens, puis dans la cuisine alsacienne, la fameuse salle lambrissée d'Ammerschwihr et celle, provisoire, rassemblant la céramique la plus représentative de la production alsacienne, notamment de Soufflenheim. La dernière pièce est un laboratoire d'apothicaire ou d'alchimiste. Au deuxième étage, les trois salles d'imagerie (protestante, catholique et hagiographique) sont décorées et ont été récemment transformées. D'autres salles ont été réservées à l'exposition d'objets rituels juifs. Le bâtiment au fond de la cour renferme sculptures sur bois, costumes, objets du pasteur et pédagogue vosgien Jean-Frédéric Oberlin.

La cour de l'hôtel du Corbeau

Franchir la porte cochère tout à fait banale du n° 1, quai des Bateliers, c'est franchir le temps : le charme de cet ensemble en bois de 1528, unique à Strasbourg, est immédiat.

Cet état exceptionnel, modifié simplement par l'ajout de quelques vitres, peut être attribué à une activité continue d'hôtellerie jusqu'en 1854, date de sa fermeture, mais aussi, sans doute, à son excellente renommée.

Des hôtes de marque y ont séjourné pour ne citer que les principaux : les généraux suédois de la Guerre de Trente Ans, Turenne (1647), le roi Jean-Casimir de Pologne, Frédéric II de Prusse sous un faux nom, l'empereur Joseph II d'Autriche sous le nom de comte de Falkenstein, mais aussi Jean-Jacques Rousseau, Gérard de Nerval et Alexandre Dumas. À cette époque, la cour abritait un relais de poste aux chevaux, permettant ainsi un certain développement des installations.

L'architecture en pan de bois date essentiellement des XVIᵉ et XVIIᵉ siècles. Tourelles d'escaliers en vis à colombage d'époque Renaissance, puits de 1560, encadrement sculpté de fenêtres plombées, passages-passerelle illustrent le degré de virtuosité et de somptuosité auquel est parvenue alors l'architecture en bois alsacienne.

—⓫ **Traverser la place du Corbeau pour poursuivre par le quai des Bateliers.** À voir, au n° 1, la cour de l'hôtel du Corbeau. Suivent plusieurs façades magnifiques des XVIᵉ et XVIIᵉ siècles séparées par des impasses profondes et étroites. En face, de l'autre côté de l'Ill, l'ancienne Grande Boucherie (aujourd'hui musée historique, voir p. 33), l'embarcadère des bateaux-mouches et la façade principale du palais des Rohan (voir p. 101), précédé de sa terrasse.

Palais Rohan. *Photo B.H.*

—⓬ **Quitter le quai par la droite et la rue des Trois Gâteaux. Par un petit square, arriver devant l'église Sainte-Madeleine.** Contourner l'édifice religieux par la droite et, au fond de la place Sainte-Madeleine, rejoindre un vestige de l'enceinte médiévale

construite au début du XIIIe siècle. On remarque de grands créneaux édifiés en briques et une porte mise en place au début du XXe siècle, mais datant de 1576 et provenant de l'ancien hôtel de Rathsamhausen (rue Brûlée).

L'église Sainte-Madeleine

Au XVe siècle, à l'emplacement de la place de la République, le couvent des « Sœurs Pénitentes de Sainte-Madeleine » (destiné à recevoir les filles publiques repenties), est menacé par une attaque de Charles le Téméraire. C'est intra muros, dans ce quartier de bateliers, que couvent et église sont reconstruits et inaugurés en 1478 par Geiler de Kaysersberg. Église, cloître et bâtiments monastiques traversent les siècles jusqu'en 1904, date à laquelle une grande partie de l'édifice est ravagée par un grave incendie tout comme l'orphelinat voisin.

Abside et chœur du XVe siècle sont conservés dans la nouvelle et plus vaste église de même que les arcades du cloître.

Alentour, remarquons surtout les importants restes de l'enceinte médiévale place Sainte-

Madeleine. Ils sont témoins du deuxième agrandissement de la ville impériale de Strasbourg (1200 – 1250) qui inclut la construction des Ponts Couverts.

Le portail Renaissance, dans l'enceinte, à gauche, provient de l'hôtel de Rathsamhausen au n° 3, rue Brûlée, démoli en 1910.

Sainte-Madeleine. *Photo B.H.*

Sur la place de Zurich.
Photo P.B.

—⓭ Traverser cette porte et, à gauche, par la rue du Fossé-des-Orphelins, aboutir **place de Zurich,** point central du quartier de la Krutenau. Au fond de la place se tient le restaurant du « Renard Prêchant ».

Restaurant
du « Renard
Prêchant ».
Photo P.B.

Le « Renard Prêchant »

Le restaurant du « Renard Prêchant » rappelle qu'autrefois un certain sieur Fuchs (renard) attirait les canards de son voisin qui s'ébattaient dans l'Ill (aujourd'hui rue de Zurich) en leur parlant dans la pénombre. Les manœuvres furent découvertes et le malheureux condamné à la prison.

Les habitants de la Krutenau lui donnèrent le sobriquet de « renard prêchant ». Un pittoresque panneau de bois peint au XVIIIe siècle, dépeignant cette légende était accrochée sous les fenêtres de cette habitation de bateliers devenue restaurant. Longtemps exposé aux intempéries, il est aujourd'hui en cours de restauration.

Au XIXe siècle, le « Renard Prêchant » était un cabaret où l'on pouvait assister à des spectacles de marionnettes satiriques. Certains prétendent que c'est une version alsacienne du *Roman de Renart* de Heinrich der Glîchezâre (XIIe siècle), d'autres que c'est une allusion aux sermons de la Réforme qui stigmatisaient le mauvais prêtre.

Le quartier de la Krutenau

Jadis parsemée d'innombrables bras de rivières, marécages et fossés, la Krutenau était étymologiquement le jardin de la ville (« Krauten-Au » signifie « champ d'herbes ») mais aussi le royaume des pêcheurs, bateliers et soldats.

Le café Le Zouave, où venaient s'épancher les soldats, mais aussi le parc de la Citadelle et le vieil hôpital militaire entretiennent le souvenir du passé militaire du quartier.

Aujourd'hui la Krutenau est essentiellement un quartier étudiant à l'atmosphère parfois encore villageoise.

—⑭ **Prendre la rue de Zurich à gauche.** Elle est située à l'emplacement de l'ancien Rheingiessen qui reliait l'Ill et le Rhin et par lequel les bateaux rhénans accédaient au port de Strasbourg. **Arriver place du Pont-aux-Chats** où s'élève un édicule, monument-fontaine, rappelant le « Grand Tir » de 1576. **À l'angle de la placette, prendre la ruelle des Chanvriers et atteindre la rue Munch,** au coin des bâtiments de la manufacture des Tabacs.

—⑮ **Par la gauche, passer devant l'église Saint-Guillaume.**

B Bus 10, 30.

S'engager à droite dans la rue Saint-Guillaume, puis dans la rue de l'Académie. À gauche, au n° 1, au fond d'un agréable jardin ombragé (monument de la guerre de 1870) se trouve l'École municipale des Arts décoratifs (les céramiques de la façade sont signées L. Elchinger). Un peu plus loin à droite, s'élève le lycée J.-F. Oberlin.

La fontaine des Zurichois

La fontaine des Zurichois se trouve à l'endroit exact de l'ancien pont aux Chats. Élevée en 1884 par l'architecte Salomon, elle représente le buste du poète Jean Fischart qui mit en vers dans un poème intitulé *La Nef aventureuse de Zurich*, au XVI⁰ siècle, l'arrivée des alliés zurichois en 1576. Venus en effet par bateaux, en remontant le Rhin, apportant avec eux une marmite remplie de

mil brûlant, ceux qui participèrent au « Grand Tir » de Strasbourg (« Böllerschiessen » – « Böller » : canon), voulaient prouver à leurs alliés combien rapide pouvait être leur intervention en cas de besoin. Il ne leur fallut que dix-huit heures pour parcourir le trajet. En 1972, lors du congrès de « l'Union des Suisses en France », l'exploit fut réédité par vingt-cinq marins zurichois qui arrivèrent cependant avec deux heures de retard en raison des multiples arrêts aux écluses.

La manufacture de tabacs

Le tabac ou « herbe à Nicot » est introduit dans la région du Bas-Rhin dès 1620. Sa culture prend une importance économique telle qu'à la fin du XVIIIᵉ siècle, 45 fabriques font travailler près de 10 milliers d'ouvriers. Sous Napoléon Iᵉʳ, un décret instituant un monopole d'État est promulgué et, de ce fait, une seule manufacture est construite en 1849. Agrandie en 1866, elle continue aujourd'hui de fonctionner, spécialisée notamment dans la fabrication de cigares.

Manufacture de tabacs. *Photo P.B.*

L'église Saint-Guillaume

L'église Saint-Guillaume, reconnaissable à son clocher de guingois, est fondée en 1300 par le chevalier Henri de Müllenheim puis donnée à l'ordre mendiant des Guilhelmites. En 1534, avec la Réforme, elle devient protestante.

Le quai des Pêcheurs et l'église Saint-Guillaume. *Photo B.H.*

À l'intérieur, de magnifiques vitraux conçus par le maître de Walbourg et Pierre Hemmel, au XVe siècle, représentent la légende dorée de saint Guillaume ainsi que des scènes de la bible (avec, en particulier, sur la droite, la scène du repas de Cana dont les personnages sont des portraits des familles de pasteurs).

À l'entrée du chœur, un très beau jubé datant de 1485 porte la marque du gothique flamboyant. Dans la chapelle, un relief sur bois polychrome relate la conversion de saint Guillaume d'Aquitaine.

Mais le joyau de l'église est certainement le double monument funéraire des comtes Ulrich et Philippe de Werth, Landgraves d'Alsace, bienfaiteurs de l'église et morts au début du XIVe siècle). Ulrich en chevalier et Philippe en chanoine sont taillés dans la dalle si bien qu'Ulrich semble comme suspendu par dessus le tombeau : c'est une œuvre majeure de Woelflin de Rouffach.

Aujourd'hui l'église protestante est célèbre pour ses orgues à buffet de Silbermann et les remarquables concerts, notamment les « Passions » de Bach qui font toujours l'événement.

L'École municipale des Arts décoratifs

Dès 1890, l'Alsace, sous l'emprise de Guillaume II, vit ce que Spindler nomme le

« réveil de la conscience alsacienne ». C'est dans ce contexte que de nombreux édifices publics s'élèvent, dont l'École municipale des Arts décoratifs. Impossible de ne pas remarquer ce bâtiment dont les fresques en céramique sont typiques de l'époque « Jugendstil » : il y avait là, de la part de l'architecte Ott, comme une volonté de s'affranchir de l'historicisme. Sur la façade sont peintes les figures des principales matières enseignées dans l'école : architecture, peinture et sculpture. Dans la cour s'élève un monument aux morts de la guerre de 1870/71.

École municipale des Arts décoratifs. *Photo G.E.*

─⑯ En face de la grille donnant accès à la cour du lycée, tourner à gauche rue Fritz Kiener. Avant d'aboutir au boulevard de la Victoire (tram), on voit à droite un édifice imposant et allongé ; c'est l'ancienne caserne Saint-Nicolas (aujourd'hui lycée J. Rostand), fondé à la fin du XVIIᵉ siècle et reconstruit au siècle suivant pour loger une partie de l'importante garnison française. **Tourner à gauche boulevard de la Victoire.** À gauche le Grand Établissement municipal de Bains.

🇹 tram C « Gallia ».

Les Bains municipaux. *Photo P.B.*

Le Grand Établissement municipal de Bains

Conçu en 1905 par l'architecte Fritz Beblo, en pleine période « Jugendstil », ce véritable temple de l'hygiène et de l'hydrothérapie moderne propose tous les bienfaits de l'eau alors en vogue : bains médicinaux et hydroélectriques, « bains en baignoire », bassin de natation et de bains romains. L'élégant pavillon circulaire distribue les différentes installations qui semblent éclatées.

Les activités sont aujourd'hui restées les mêmes qu'autrefois comme le décor : marbres et cuivres se marient harmonieusement au son des douches et des clapotis. Quelques amusants crachoirs de-ci de-là.

La Gallia

L'édifice de la Gallia, parfait exemple de l'extraordinaire variété d'écoles, de styles et de matériaux, chargé d'ornements dans le goût de la Renaissance allemande, est construit en 1888 pour le compte d'une société d'assurance-vie de Stettin et prend le nom symbolique de « Germania ». En plus des bureaux de la société, le bâtiment comportait une brasserie, un restaurant, des boutiques et de vastes appartements aux étages où logeaient les fonctionnaires et officiers allemands.
En 1921, « Germania » est francisé en « Gallia » et abrite le premier foyer pour étudiants.

Immeuble Gallia. *Photo B.H.*

Le lycée Jean-Frédéric Oberlin (ancienne école de l'Académie)

Médaillon
lycée Oberlin.
Photo P.B.

Le lycée porte le nom du pasteur philosophe, philanthrope et pédagogue de la vallée de la Bruche (demeurant au Ban-de-la-Roche) Jean-Frédéric Oberlin (1740-1826). S'il est des hommes qui doivent rester dans l'histoire, par l'importance de leur œuvre, c'est bien le cas de cet homme extraordinaire à l'origine du christianisme social en Alsace.

Docteur en philosophie et théologie, admirateur de Rousseau, il devient simplement pasteur à Waldersbach dans un des villages les plus pauvres d'Alsace. Pendant 60 ans, il accomplit une œuvre, scolaire et sociale remarquable.

Instituteur, il fit construire une école dans chacun des cinq villages de sa paroisse, forme des maîtres en permanence, pousse la scolarité jusqu'à 16 ans et favorise la méthode de l'enseignement par l'image. Largement en avance sur son temps, il crée les premières écoles maternelles à partir de l'âge de 4 ans et forme les « conductrices de la tendre enfance ». Il développe également une bibliothèque de prêt pour les familles pauvres.

S'intéressant aussi à l'homme dans son intégralité, il se préoccupe du bien-être de la population. Ingénieur, il encourage la construction de routes et de ponts par de nouvelles méthodes pour désenclaver la vallée. Les rendements agricoles étant faibles, il pousse au drainage des sols, introduit de nouvelles variétés de pomme de terre, de lin et d'arbres fruitiers, qu'il fait greffer. Il participe à l'essor de l'artisanat en envoyant les jeunes à l'apprentissage. Une pharmacie est installée au presbytère, une imprimerie mise en place ainsi qu'une caisse d'amortissement à la disposition de tous.

Il accueille favorablement la Révolution mais se fait tout de même emprisonner à cause de sa foi qu'il a profonde. Son objectif primordial est en effet de propager la foi par la bible, tout en y associant le souci matériel.

De nombreux héritiers spirituels ont suivi jusqu'en Amérique son enseignement précurseur, notamment en pédagogie.

Le lycée qui lui rend hommage, bâtiment dans lequel se trouvait au XVIIIe siècle, l'hospice des Enfants Trouvés (dépendant de l'église Saint-Guillaume), puis l'Université et l'Académie à partir de 1826 abritait notamment une partie du laboratoire de Louis Pasteur, autre bienfaiteur de l'humanité. Ce chimiste et biologiste français (1822 – 1895), fondateur de la microbiologie et surtout connu pour sa méthode de conservation des liquides fermentescibles mais aussi pour ses recherches sur les maladies infectieuses et contagieuses (méthode de l'asepsie). Il réalise le célèbre vaccin contre la rage en 1885.

—⑰ Au droit du pont Royal, tourner à droite le long du quai du Maire Dietrich, longer le bâtiment de la Gallia pour accéder à l'espace arboré de la place de l'Université. En son centre, s'élève le monument de Goethe, ensemble en bronze de Waegener (1904), dans lequel le jeune étudiant est associé à des allégories des arts lyriques et dramatiques.

À gauche, au-delà de l'Ill qui se dédouble ici en deux branches (celle de gauche, l'Aar rejoint plus loin le jardin du Contades), se dressent les deux clochers néo-gothiques de l'église Saint-Paul.

L'église Saint-Paul

L'église Saint-Paul, élevée entre 1889 et 1892 par l'architecte Louis Muller est la copie conforme de l'église Sainte-Élisabeth de Marburg an der Lahn (XIIIe siècle). Ce sanctuaire, édifié sur un site intelligemment choisi, sert de temple protestant à la garnison allemande jusqu'en 1918, alors que Saint-Maurice est construite pour les soldats catholiques.

De style néogothique, entièrement en grès rose des Vosges, l'église comporterait autant de portes qu'il y a de grades dans l'armée allemande. C'est certainement la plus gracieuse des constructions de la ville allemande, avec celle du palais universitaire.

Église Saint-Paul.
Photo B.H.

Au fond de la place, la monumentale façade du Palais Universitaire (bâti dans le style Renaissance Italienne – 1884) ferme le monumental aménagement qui s'étend jusqu'à la place de la République.

Contourner le bâtiment par la droite pour suivre la rue de l'Université jusqu'au droit de la rue Blessig.

⑱ C'est ici qu'il faut entrer dans les jardins de l'Université à gauche jusqu'à se trouver au milieu de la façade ouvrière de l'édifice. **Par la droite, suivre l'allée centrale** bordée de chaque côté d'instituts scientifiques. À gauche, on peut visiter la galerie d'Actualité scientifique. Au centre, un bâtiment abrite le musée de Sismologie et de Magnétisme terrestre. Au fond s'aperçoit la coupole de l'Observatoire. Pelouses et parterres fleuris annoncent le Jardin Botanique.

T tram C « Observatoire ».

Le palais universitaire

Le palais universitaire est construit par l'architecte Otto Warth entre 1879 et 1884 dans un style inspiré de la Renaissance italienne et exalte en même temps la culture germanique.

La « Kaiser Wilhelm Universität » est alors dotée par le Reichsland de moyens considérables pour en faire un « phare » du savoir germanique face au monde latin et développer une intense vie intellectuelle en Alsace et en Lorraine annexée (actuel département de la Moselle). À l'intérieur, une vaste aula sous son toit de verre distille une lumière toute particulière et fait résonner les murmures des étudiants.

Redevenue française en 1919, l'université doit se replier à Clermont-Ferrand au début de la seconde guerre mondiale. Après l'annexion par le IIIe Reich, en 1940, le corps professoral allemand dispense alors un enseignement politisé et appauvri. Aujourd'hui, le bâtiment abrite essentiellement les Arts plastiques, l'Histoire et, chose unique en France, une faculté de théologie protestante et une autre catholique.

Palais universitaire. *Photo P.B.*

3 Du Jardin Botanique à l'Orangerie

2 km

—19 Devant le portail d'entrée du Jardin Botanique, tourner à gauche et sortir de l'enceinte universitaire. À partir de la rue Goethe, emprunter la rue Wimpheling et traverser l'avenue de la Forêt-Noire. Cette voie forme avec son prolongement, l'avenue des Vosges, l'axe principal du plan Conrath, élaboré après l'annexion de 1871, au nord de la ville. Il représente une ligne droite de près de 4 kilomètres de longueur entre la place de Haguenau à l'ouest et le pont d'Anvers à l'est.

Le jardin Botanique. *Photo P.B.*

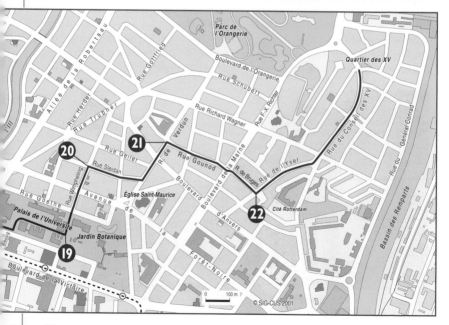

L'observatoire et ses jardins

Les jardins entre l'université et l'observatoire ont l'air d'avoir été un peu oubliés par le temps. Depuis la pollution lumineuse issue des illuminations urbaines, l'observatoire de Strasbourg a cessé d'être fréquenté par les astronomes. Mais les amoureux des étoiles et la « Société Astronomique Française » font toujours grincer le système d'ouverture de la coupole pour regarder le ciel.

De la terrasse autour du Dôme, on peut contempler les serres du jardin botanique, les instituts de zoologie et de minéralogie, les musées et le planétarium ainsi que la galerie d'Actualité scientifique de l'université Louis Pasteur évoquant la science d'hier et d'aujourd'hui.

L'observatoire. *Photo G.E.*

Hôtel Marguerite, rue Sleidan. *Photo P.B.*

Poursuivre par la rue Wimpheling, aux immeubles parfois imposants.

—⑳ S'engager à droite dans la rue Sleidan. À droite, au n° 22, l'hôtel Marguerite, bel immeuble de l'architecte Brian (1904 – 1908) en style « art nouveau ». La façade, en jeux de courbes et de contre-courbes, est ornée de bas-reliefs floraux (iris) et végétaux. Des grilles, des vitraux font de cet immeuble le plus bel exemple strasbourgeois du « Jugendstil ».

Prendre à gauche la rue de Verdun. À droite, église Saint-Maurice (église construite en 1894 pour les soldats catholiques de la garnison allemande dans un style néogothique flamboyant).

Traverser le boulevard d'Anvers jusqu'à apercevoir à gauche les bâtiments de l'Institution Sainte-Clothilde.

—**㉑ S'engager à droite dans la rue Gounod,** (rue typique – immeubles n° 13, 14 15, 24 – de ce quartier résidentiel aménagé entre les deux guerres).

Traverser le boulevard de la Marne dont les frondaisons abritent souvent un marché animé **et poursuivre en face par la rue de Bruges jusqu'à la place Albert Ier.** C'est au-delà de cette place que s'érige la cité Rotterdam dont l'un des immeubles ferme la perspective.

Rue Gounod. *Photo P.B.*

Marché, boulevard de la Marne. *Photo P.B.*

La cité Rotterdam

Premier grand ensemble de logements sociaux construit après la guerre selon une méthode industrielle d'éléments préfabriqués par l'architecte Baudoin. La construction a été réalisée pour faire face à la pénurie de logements vers 1950 – lorsque l'on commençait à rapatrier de Kehl les Français qui avaient été installés en zone occupée, Kehl étant rendu progressivement aux Allemands, réfugiés, eux, depuis 1945, dans les proches environs.

Modèle de construction d'après-guerre, l'ensemble est en cours de réhabilitation. Germain Muller, du cabaret Barabli, – s'est d'ailleurs gentiment moqué, dans un de ses sketchs, des défauts des immeubles en matière d'insonorisation.

La cité Rotterdam. *Photo P.B.*

Le quartier des Quinze

Créé en 1433 et en place jusqu'à la Révolution, le conseil des Quinze constituait le ministère de l'Intérieur et des Finances dans le gouvernement de l'ancienne république de Strasbourg. Ce quartier résidentiel de villas luxueuses est en fait construit sur les terrains qui leur appartenaient. Dès 1716, le langage local lui donne le nom de « fünf-zenerwörth », quartier des XV.

㉒ **Tourner à gauche dans la rue de l'Yser qui longe la cité du côté occidental. Plus loin, continuer tout droit dans la rue du Conseil-des-XV**, axe central du quartier des Quinze.

Cette voie se termine tout près de l'angle oriental du parc de l'Orangerie, où elle rejoint le sentier « Stanislas-Kléber » (losange rouge).

B Pour revenir au centre-ville, il faut emprunter la ligne autobus 15 – à l'arrêt « Quartier des Quinze ».

Parc de l'Orangerie. *Photo P.B.*

Le quartier de la cathédrale

$1,5$ km

Ici se trouve le site primitif de Strasbourg. Cette promenade, que l'on peut effectuer à partir du sentier « Stanislas – Kléber », permet de découvrir le périmètre occupé autrefois par l'agglomération romaine. C'est un quartier où le patrimoine architectural est des plus denses, associant à la fois maisons à colombage, demeures bourgeoises, résidences princières et lieux de culte.

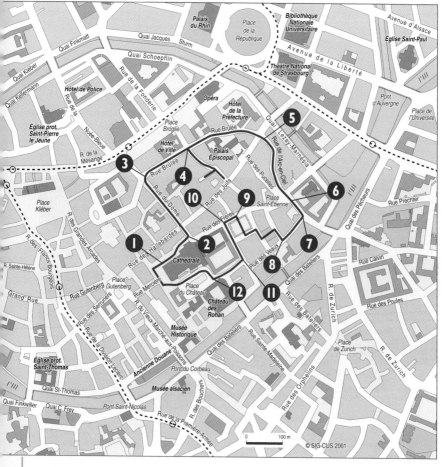

—➊ Place de la cathédrale, quitter le « Stanislas – Kléber » en longeant la cathédrale par le nord.

—➋ Tourner à gauche à la hauteur de la librairie Alsatia et s'engager dans la rue du Dôme.

La rue est bordée de plusieurs demeures édifiées pour l'essentiel dans la deuxième moitié du XVIIIe siècle. Parmi elles, on s'intéressera particulièrement aux façades, situées presque en face l'une de l'autre, des n° 17 et 18, considérées comme particulièrement représentatives du « rococo strasbourgeois » : courbes et contre-courbes au niveau de la grille des balcons du premier étage, décor en têtes sculptées aux 2e et 3e étages dans le premier cas, décor en fleurs stylisées au balcon de la deuxième maison

Maison Kammerzell. *Photo G.E.*

Peu après le début de la rue du Dôme, aviser, à gauche, l'impasse du Tiroir qui aboutit à un portail Renaissance. Celui-ci donne accès à une ancienne demeure ayant appartenu à la famille des Boecklin au XVIe siècle et dans le premier quart du XVIe siècle ; elle héberge aujourd'hui un pensionnat.

n° 18, rue du Dôme. *Photo JM.P.*

Rue du Dôme

Son tracé correspond à l'essentiel de l'axe du decumanus, la voie principale du camp romain qui partait de la « porta principalis dextra » au nord, à l'emplacement du départ de la place Broglie. Cette porte resta en service sous le nom de « porte de Pierre » (Porta Lapidea) jusque vers 1250, lorsque furent achevées les murailles du deuxième agrandissement. Son nom de « Domgasse » vient du Moyen Âge du fait de la présence de nombreuses résidences appartenant à des chanoines du Grand Chapitre et autres desservants de la cathédrale.

—❸ Emprunter, à droite, la rue Brûlée. L'ambiance de cette rue frappe par son caractère paisible qui contraste avec l'animation régnant dans les principales rues du quartier (les rues du Dôme, des Hallebardes et des Juifs). Cela tient au fait que, dans la journée, l'activité se limite à l'intérieur des grands hôtels particuliers abritant des institutions essentielles et dont le randonneur curieux aura tout loisir d'admirer les façades.

Hôtel de Marmoutier. *Photo JM.P.*

Hôtel Gayot ou de Deux-Ponts. *Photo JM.P.*

Hôtel du préfet. *Photo JM.P.*

Rue Brûlée

L e tracé de la rue Brûlée remonte au Moyen Âge : jusque vers 1250, il permettait l'acheminement de renforts vers la partie nord de la muraille et l'accès aux ports de défense. Après que ce mur fut tombé en désuétude et rasé, l'habitat devint l'apanage de l'aristocratie qui se fit construire des hôtels débouchant sur la place du Marché-aux-Chevaux (place Broglie). Le nom de la rue tire peut-être, par déformation, son origine de l'hôtel noble « Brandhof » mentionné au XIIIe siècle.

Autre hypothèse : le pogrom de 1349 où de très nombreux juifs furent brûlés vifs mais durant lequel les demeures de certains patriciens membres du Magistrat et situées dans cette rue furent brûlées.

Les hôtels particuliers de la rue Brûlée

– **l'hôtel de Marmoutier.** Acheté par l'abbaye bénédictine de Marmoutier en 1746, il fit l'objet de travaux de rénovation entre 1747 et 1752 sous la direction de Jean-Pierre Pflug, architecte de l'abbaye de la ville et de son fils François-Pierre. La façade, entièrement construite en grès jaune de Wasselonne, associe le recours fréquent aux horizontales et aux verticales avec l'utilisation des éléments rocaille.

– **les vastes demeures** des n° 6 et 8.

– **l'hôtel de Hanau-Lichtenberg et de Hesse-Darmstadt,** construit entre 1731 et 1736 ; son décor intérieur en fut achevé en 1740, les travaux étant menés sous la direction de Joseph Massol dans leur phase finale. Le propriétaire en fut le comte Régnier III de Hanau-Lichtenberg, dernier représentant de la lignée dont les domaines s'étendaient à travers le Nord de l'Alsace avec Bouxwiller pour capitale. À sa mort (1736), l'hôtel passa à sa fille et à son gendre, le Landgrave Louis VIII de Hesse-Darmstadt. Bien national en 1790, l'hôtel fut cédé en 1806 par Napoléon Ier à la ville qui en fit sa mairie. L'ouverture en 1976 au siège de la Communauté Urbaine de Strasbourg lui conféra un rôle représentatif (bureau du maire, réceptions, mariages, expositions). L'édifice est situé entre cour (s'ouvrant sur la rue Brûlée) et jardin (vers la place Broglie). Des murs incurvés relient le portail à un corps d'habitations se découpant en un bâtiment central surmonté d'un fronton triangulaire et entouré de deux courtes ailes abritant les escaliers menant au premier étage.

– **l'hôtel Gayot,** ou de Deux-Ponts : même orientation que l'hôtel précédent par rapport à la rue Brûlée et à la place Broglie. Construit entre 1754 et 1755 sous la direction de Georges-Michel Muller, il fut la propriété des frères Gayot (François-Marie, subdélégué à l'Intendance d'Alsace, commissaire des guerres, puis prêteur royal à Strasbourg, c'est-à-dire représentant du roi auprès des autorités de la Ville Libre de Strasbourg ; son frère, Félix-Anne, administrateur des vivres de l'armée). L'entrée se situe au niveau d'un portail en demi-ellipse encadré par les ailes des communs à un étage, eux-mêmes reliés au corps de logis central à un étage par deux courtes ailes.

– **l'hôtel du Grand Doyenné,** construit entre 1724 et 1732 par Auger Mallo Soussard à l'initiative de Frédéric de la Tour d'Auvergne, prince de Turenne, doyen du Grand Chapitre de la cathédrale. Le portail d'honneur, situé rue du Parchemin, est relié au bâtiment par des murs incurvés. La façade côté jardin est visible depuis la rue Brûlée : à noter le toit à comble brisé (dit « à la Mansart »).

– **l'hôtel de Kinglin,** hôtel de l'Intendance d'Alsace. Il fut construit, à l'initiative de François-Joseph de Klinglin, prêteur royal, par Jean-Pierre Pflug de 1732 à 1736. Siège de l'Intendance royale d'Alsace, il fut, indépendamment des vicissitudes de l'histoire de l'Alsace, la plus haute résidence officielle de la province. C'est aujourd'hui l'hôtel du préfet de région. Le grand portail d'honneur débouche sur une avant-cour suivie en équerre par une vaste cour d'honneur, la façade de l'hôtel sur cour formant un hémicycle encadré de deux pavillons latéraux. On peut admirer la façade sur jardin, tout en grès rouge des Vosges, depuis le quai Lezay-Marnésia.

④ À partir de la rue Brûlée, on peut faire un aller et retour dans la rue des Charpentiers (où la corporation du même nom avait eu son siège social depuis le XVᵉ siècle) pour admirer plusieurs demeures, certaines bourgeoises et d'autres plus aristocratiques.

⑤ Arrivé à l'extrémité de la rue Brûlée, traverser la rue du Parchemin dont le tracé suivait autrefois celui de la voie prétorienne qui traversait l'agglomération romaine du nord au sud.

Prendre immédiatement en face la rue de l'Arc-en-Ciel dont l'origine est liée à la présence de l'enceinte du castrum construite au IVᵉ siècle après Jésus-Christ le long de l'actuel canal des Faux-Remparts.

Au n° 12 : anciens bâtiments conventuels des Récollets, édifiés entre 1746 et 1749 et abritant aujourd'hui l'Institut international des Droits de l'Homme.

Au n° 15 : hôtel de Marabial, construit en 1741 – 1742.

Place Saint-Étienne. *Photo JM.P.*

⑥ Traverser la place Saint-Étienne pour continuer dans la rue du même nom. De l'église Saint-Étienne (actuellement chapelle du collège Saint-Étienne), seuls le transept et le chœur datent du Moyen Âge (fin XIIᵉ – début XIIIᵉ siècle). La place Saint-Étienne, de par sa situation d'espace ouvert, associait la fonction de carrefour avec celle de place-parvis devant la tour-façade, aujourd'hui disparue, de l'église.

Place Saint-Étienne. *Photo JM.P.*

Hôtel de Marabial, rue de l'Arc-en-Ciel. *Photo JM.P.*

— 7 Tourner à droite dans la rue des **Veaux** (plusieurs façades d'hôtels).

— 8 Prendre bientôt à droite la rue de la **Croix**, puis traverser successivement la **place Mathias-Merian** et la **rue des Sœurs** pour atteindre à gauche la **place du Marché-Gayot.** Placette devrait-on dire. Sa création en 1763 est due à l'initiative du prêteur royal François-Marie Gayot. Elle est entourée de maisonnettes dont trois à colombages (n° 12, 15 et 21).

Rue des Sœurs. *Photo JM.P.*

— 9 Rejoindre la rue des **Frères** et la prendre à gauche. Cette rue est ainsi nommée par référence au Bruederhof, « enclos des Frères » où vivaient en communauté, jusqu'au XIIIe siècle, les chanoines de la cathédrale et dont l'enceinte occupait l'emplacement actuel du Grand Séminaire. Attenant à la cathédrale, cet immense quadrilatère comprend plusieurs bâtiments dont une construction de 1575. Le reste date du XVIIIe siècle.

Place du Marché-Gayot.
Photo JM.P.

Rue des Veaux

Les Kalb, une famille de chevaliers, résidait à l'emplacement du n° 3 au XIIe siècle, le changement du patronyme en nom commun date du XIIIe siècle et s'impose pour la dénomination de la rue.

Œuvre Notre Dame et hôtel du Cerf.
Photo JM.P.

—❿ **Emprunter à gauche la rue des Écrivains** qui doit son nom à la présence, au Moyen Âge, de bureaux du greffe de la Chancellerie épiscopale (« Hintere Schreibenstube » : soit, littéralement, la chambre des écrivains, ceux qui rédigent des actes notariés). Y noter en particulier la présence de l'ancien hôtel des dames nobles d'Andlau, construit de 1749 à 1752.

—⓫ **Prendre à droite la rue de la Râpe** (du nom de la famille Reibeisen y ayant possédé une maison). Côté gauche, à l'angle

de la rue des Écrivains, se trouve la maison dite « de Cagliostro » construite au milieu du XVIIIe siècle : Cagliostro, jouissant de la protection du cardinal Édouard de Rohan (celui de « l'affaire du collier »), y a séjourné.

—⓬ **Déboucher sur la place du Château,** anciennement le « Fronhof » (cour des corvées) en référence à la présence de l'évêque et à son domaine situé entre la cathédrale et l'Ill. Outre le côté sud de la cathédrale, cette place est bordée par des édifices importants et, pour certains, caractéristiques du vieux Strasbourg :
– sur la droite, attenant à la cathédrale, le lycée Fustel de Coulanges, ancien collège de jésuites édifié de 1757 à 1759 dans le style Régence, est marqué par une décoration sobre et par l'association des lignes horizontales et verticales ;
– sur la gauche l'entrée principale du palais Rohan donnant sur la cour d'honneur (passage obligatoire pour accéder aux musées) ;

▶ *On peut par un aller et retour, soit par la rue du Bain-aux-Roses, soit par la rue des Rohan rejoindre les bords de l'Ill et aller admirer le « côté jardin » du palais.*

Maison Cagliostro. *Photo JM.P.*

Le palais Rohan

Ancien palais épiscopal de Strasbourg, porte le nom de la famille ayant accaparé la fonction de 1709 à 1789. Édifié de 1731 à 1742, à partir des plans de Robert de Cotte, il est conçu entre cour et jardin (ce dernier correspondant à la terrasse du bord de l'Ill). Du côté de l'eau, l'axe central, bordé par quatre colonnes corinthiennes, donne sur deux pavillons légèrement saillants.

La façade nord comprend deux pavillons encadrant un grand portail donnant sur la cour d'honneur bordée de part et d'autre par des murs à arcatures aveugles surmontés d'une balustrade. Au fond, le corps de logis central est flanqué de deux pavillons. L'ensemble se caractérise par une profusion de sculptures. Le palais abrite les grand et petit appartements, le musée des Beaux-Arts, le musée des Arts décoratifs et le musée archéologique.

Palais Rohan. *Photo JM.P.*

– plus loin sur la gauche, la fabrique de l'œuvre Notre-Dame tire son nom d'une très ancienne fondation chargée de gérer les dons et legs pour la construction et l'entretien de la cathédrale. Les bâtiments abritaient autrefois l'administration et les ateliers de tailleurs. Les bâtiments abritant le musée ont été édifiés en 1347 (l'aile Est avec pignon en escalier) et 1578 (l'aile Ouest avec portail extérieur) ;
– à proximité, l'hôtel du Cerf date aussi du XIVe siècle ;
– et d'autres bâtiments, notamment ceux qui entourent la « cour des Maréchaux »

situés du côté de la rue des Cordiers ;
– à l'arrière, entre la place du Château et la rue du Maroquin, se trouve un petit jardin médiéval, dit encore « cour du Cerf » ;
– pour clore ce tour d'horizon, l'ancienne école de santé militaire, édifiée en 1864, abrite la bibliothèque et le cabinet des estampes, les services administratifs et techniques des musées de la Ville et un bureau de poste.

Terminer la traversée de la place du Château pour rejoindre la place de la Cathédrale et le sentier « Stanislas – Kléber ».

Le tour de la ville ancienne

4 km

Cette agréable promenade permet de faire le tour de la ville ancienne en restant au plus près de l'eau, le long de l'Ill et du canal des Faux-Remparts.

1 En prenant comme point de départ la place du Quartier-Blanc, suivre dans un premier temps le losange rouge du sentier « Stanislas – Kléber » (voir p.30). **Emprunter les Ponts Couverts. À la troisième tour, tourner à droite quai de la Petite-France. Traverser la Petite France, puis la passerelle sur l'Ill.**

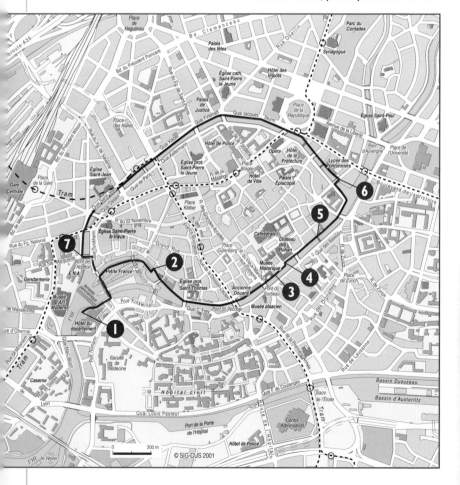

L'Ill

Hormis le Rhin, l'Ill est le plus important cours d'eau d'Alsace et joue un rôle de grand collecteur, captant presque toutes les eaux superficielles de la région, du sud jusqu'à la hauteur de Strasbourg. L'Ill prend sa source dans le flanc nord du Glaserberg, à Winkel dans le Jura alsacien, pour s'écouler vers le nord parallèlement au Rhin qu'elle rejoint à Gambsheim, à 117 kilomètres de là.

Elle forme l'axe de la plaine d'Alsace entre Mulhouse et Strasbourg. Son bassin reflète les contrastes de la diversité des milieux concernés, ce qui influe sur son régime hydrologique. Pour cette raison, le nom de l'Ill serait, aux yeux de certains, l'origine étymologique du nom de notre région.

❷ Longer la rive gauche de l'Ill. Poursuivre quai Saint-Thomas, longer l'Ancienne Douane et passer sous le pont du Corbeau, puis à côté de l'Ancienne Grande Boucherie (aujourd'hui musée historique).

❸ Quitter alors le « Stanislas – Kléber » en poursuivant tout droit. Passer devant l'embarcadère des bateaux-mouches qui permettent la visite de la ville par les voies navigables. Côté gauche, la place du Marché-aux-Poissons était consacrée jusqu'en 1930 environ à la vente du poisson frais pêché dans le Rhin. Cette petite place ombragée, joliment entourée de maisons cossues du XVIIIe siècle, sert actuellement de marché de produits fermiers tous les samedis. L'espace situé entre le pont du Corbeau et le château des Rohan s'appelait jadis Marché au Bois (Holzstaden) du nom des entrepôts de bois qui s'étendaient le long des quais (du XIIIe au XVIe siècle) où ils servaient d'installations portuaires.

Quai Saint-Thomas, vue sur l'église Saint-Nicolas.
Photo G.E.

Embarquement pour une promenade sur l'Ill. *Photo B.H.*

❹ Bifurquer à droite vers la terrasse du château des Rohan (au passage, coup d'œil vers la cathédrale). **Traverser la terrasse** donnant sur la belle façade du château, combinaison harmonieuse de lignes horizontales et verticales.

Traverser le pont Sainte-Madeleine. Devant, on aperçoit le clocher de l'église Sainte-Madeleine dont il ne reste d'origine que le chœur et les arcades de l'ancien cloître. Sur la rive droite, le quai des Bateliers tient son nom des pêcheurs, constructeurs de bateaux et bateliers qui y habitaient depuis le Moyen Âge. Leurs corporations y avaient établi leur poêle (siège), au n° 9. Parmi plusieurs maisons à colombage, celles des n° 23 et 24 présentent un étage en encorbellement et des boiseries richement sculptées.

Longer ensuite le quai au Sable. Selon la tradition, les enfants venaient jouer dans les tas de sable qui s'amoncelaient à cet endroit avant la construction des quais. Au début de ce quai : deux belles façades, style rococo alsacien, dont celle du n° 3 (chiffre en médaillon) date de 1774, année du passage de Louis XIV à Strasbourg.

Quai des Bateliers. *Photo B.H.*

⑤ Passer sous la passerelle reliant la rue des Veaux au quai des Bateliers. Au pont Saint-Guillaume, remonter vers la rue de la Large-Pierre, traverser le pont et reprendre la berge le long du quai Saint-Étienne, du nom du collège bordant le quai. De l'autre côté du pont se dresse l'église Saint-Guillaume avec sa tour de façade de 1667, à l'asymétrie si caractéristique.

Continuer après le tournant jusqu'au pont Saint-Étienne. Vers l'arrière s'ouvre une perspective sur le quai des Pêcheurs, le plan d'eau où se rejoignent l'Ill et le canal des Faux-Remparts ainsi que l'église Saint-Paul. À gauche de ce tableau est érigé l'imposant immeuble de l'ESCA, exemple d'architecture d'entre-deux-guerres, construit à l'emplacement d'anciennes casernes.

À l'approche du pont, monter sur le quai en remarquant l'église Saint-Étienne (XIIᵉ – XIIIᵉ), maintenant chapelle du collège. **Traverser le pont, puis descendre sur la berge opposée par l'escalier près du bâtiment de l'ESCA.**

Église Saint-Pierre-le-Vieux. *Photo B.H.*

⑥ On rejoint alors le sentier de l'Ill (losange bleu). **Remonter le canal des Faux-Remparts sur 1,7 km jusqu'au pont de l'Abattoir.** Chemin faisant, on peut apercevoir ou longer les sites et monuments suivants :
– à droite, le lycée international des Pontonniers, la place de la République, l'église catholique Saint-Pierre-le-Jeune, le palais de justice, le complexe commercial du Centre-Halles, l'église Saint-Jean ;
– à gauche, l'hôtel du préfet, l'opéra-théâtre municipal, le quai Schoepflin avec des bâtiments ayant autrefois appartenu à l'arsenal et construits à l'emplacement d'anciens remparts du XIIIᵉ siècle, les quais Kellermann, de Paris et Desaix, l'église Saint-Pierre-le-Vieux.

⑦ Traverser le pont de l'Abattoir et rejoindre les Ponts Couverts à gauche.

Saint-Paul. *Photo P.B.*

Strasbourg nocturne

4,5 km

Ce parcours permet de découvrir, à travers des quartiers qui témoignent des étapes successives du développement de Strasbourg, les splendeurs nocturnes de la ville souvent mises en valeur par différents jeux d'éclairage.

« Les nuits de Stras » aux Ponts Couverts.
Photo B.H.

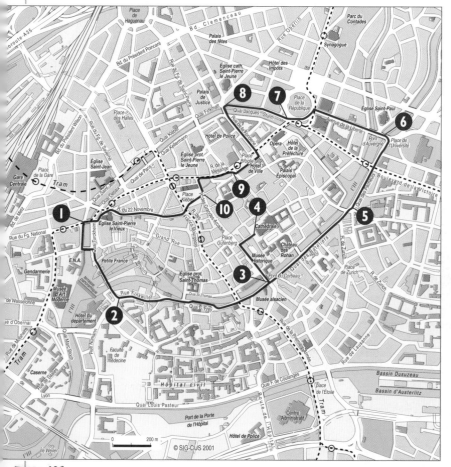

© SIG-CUS 2001

━❶ Partir du pont National.

Ⓣ ligne B du tram, station « Faubourg National »

Rejoindre les Ponts Couverts d'où s'offre un beau point de vue vers la Petite France d'une part, l'ancienne commanderie Saint-Jean (siège de l'ENA), le musée d'Art moderne et contemporain et le barrage Vauban d'autre part.

━❷ À la hauteur de la place du Quartier-Blanc, emprunter à gauche la rue Fink-willer. Au n° 91 : débit de boisson « Au Paon d'Or », bâtisse de style évoluant du rococo au néo-classique et construite en 1779.

S'engager quai Finkwiller et poursuivre par les quais Charles-Frey et Saint-Nico-las pour rejoindre la place du Corbeau, occasion d'admirer les façades des hôtels du quai Saint-Nicolas, mais aussi, de loin, les illuminations de l'église Saint-Thomas et de l'Ancienne Douane.

La cathédrale. *Photo G.E.*

━❸ Franchir le pont du Corbeau et suivre la rue du Marché-aux-Poissons jusqu'à la place Gutenberg. Tourner à droite rue Mercière pour atteindre le parvis de la cathédrale.

━❹ Revenir sur ses pas, retraverser l'Ill et continuer à gauche par le quai des Bateliers.

C'est ici le quartier de résidence des pêcheurs, constructeurs de bateaux et des bateliers depuis le Moyen Âge.

Au n° 1 : hôtel du Corbeau (ancienne hôtel-lerie « zum Raben », en activité de 1528 à 1854 : bâtiments de la fin XVIe – début XVIIe siècles avec passage-passerelle et tourelle d'escalier à colombages.

Au n° 2 : auberge « À l'Hommelet Rouge » (« Zum Roten Männel »), bâtiment datant de 1685.

De belles façades datant du XVIe aux XVIIIe siècles ont été préservées tout au long de cette artère qui se caractérise par une absence d'alignement des immeubles.

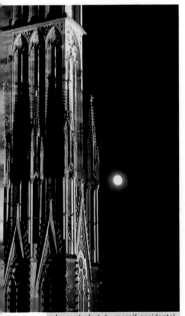

Le contrefort du massif occidental de la cathédrale. *Photo B.H.*

—5 Continuer par le quai des Pêcheurs.

T tram C « Gallia ».
Atteindre la place de l'Université.

—6 Prendre à gauche le pont d'Auvergne qui franchit l'Ill puis l'Aar devant l'église Saint-Paul **et rejoindre l'avenue de la Liberté.**
Par cette avenue, aux édifices de style variant entre le néo-gothique et le néo-baroque, **arriver sur la place de la République.** Au milieu de la place, là où se dressait autrefois la statue équestre de l'empereur Guillaume Ier, se tient depuis 1936 un monument aux morts symbolique réalisé par Duvivier : une mère (Strasbourg) tient ses deux fils mourant sur ses genoux, l'un ayant combattu pour la France, l'autre pour l'Allemagne, vers lesquels ils regardent respectivement.

T tram B et C « République ».

—7 Quitter la place en prenant à droite le quai Jacques-Sturm. Arriver devant l'ensemble monumental constitué par l'église catholique Saint-Pierre-le-Jeune et le palais de justice.

L'Aubette, place Kléber. Photo B.H.

L'église catholique Saint-Pierre-le-Jeune (1889-1893) est reconnaissable à sa grande coupole surmontant une croisée, le tout construit en un style composite mêlant le néo-roman et le néo-gothique, le plan basilical et le plan centré.
Le palais de justice, édifié à la fin du XIXe siècle, se caractérise par un style néo-classique rappelant les édifices construits, pour la plupart d'entre eux, à Berlin par l'architecte Karl-Friedrich Schinkel au début du XIXe siècle.

—8 Emprunter à gauche le pont de la Fonderie, puis, dans le prolongement, la rue du même nom. Rejoindre la place Broglie, dont les édifices prestigieux sont mis en valeur par l'éclairage.

T tram C « Gallia ».

Marché de Noël, place Broglie. Photo G.E.

—❾ Poursuivre par la rue de la Mésange pour arriver dans le centre commerçant de Strasbourg avec ses nombreux magasins et boutiques.

Tourner à gauche dans la rue des Grandes-Arcades.

—❿ Traverser la place Kléber pour emprunter la rue du 22-Novembre. C'est le premier tronçon de la grande percée, réalisée de 1912 à 1914. Elle porte ce nom en l'honneur de l'entrée des troupes françaises le 22 novembre 1918. Au n° 35 se dresse une maison pourvue d'un oriel à un étage et à deux pans et datant de 1574. **Au bout de la rue se dresse l'église Saint-Pierre-le-Vieux.**

Rejoindre le quai de Turckheim puis le pont National où se trouve le point de départ.

Saint-Pierre-le-Vieux. *Photo B.H.*

Saint-Pierre-le-Vieux

Ce vocable se rapporte à l'ancienneté du site qui aurait abrité le premier sanctuaire chrétien de la ville. Les parties les plus anciennes de l'édifice (mentionné pour la première fois en 1132) remontent au début du XIIIe siècle. L'église a fait l'objet de travaux d'agrandissement et d'embellissement de la fin du XIVe siècle à la fin du XVe siècle. En 1689, un décret royal instaura le partage entre les cultes protestant et catholique (au premier la nef, au second le chœur). Le développement de la paroisse catholique entraîna la construction d'une nef perpendiculaire au chœur par l'architecte Conrath, le chœur étant démoli pour faire place à un transept. Plus tard, la percée de l'actuelle rue du 22-Novembre entraîna le raccourcissement de deux travées de la nef à l'ouest.

La forêt du Neuhof

Lianes en forêt rhénane. *Photo P.A.*

Située sur les bans communaux d'Illkirch et de Strasbourg de part et d'autre du Rhin Tortu, ses 800 hectares en cours de classement en réserve naturelle, constituent un patrimoine forestier exceptionnel. En effet, bénéficiant dans le passé de conditions écologiques et climatiques particulièrement favorables, la forêt rhénane s'est développée sur un sol constitué d'alluvions, régulièrement inondé par le Rhin. Ainsi sont apparues une flore et une faune spécifiques particulièrement riches lui donnant un aspect de jungle des régions tempérées. Malheureusement, depuis les travaux de canalisation du fleuve qui ont débuté au XIXe siècle pour maîtriser les inondations et favoriser la navigation, jusqu'à une période beaucoup plus récente dans les années 70 (Grand Canal d'Alsace), la forêt, n'ayant plus les pieds dans l'eau charriant des alluvions, se transforme et s'appauvrit.

Débardage à cheval en forêt rhénane. *Photo P.S.*

Heureusement, la Ville de Strasbourg, propriétaire de la plus grande partie de la forêt, a compris qu'il devenait urgent de la gérer autrement, sous peine de la voir disparaître. Ainsi le Schwarzwasser et le Brunnenwasser sont curés régulièrement et d'anciens bras morts ou dépressions ont été remis en eau à partir du Rhin Tortu.

Depuis quelques années, le service des forêts élimine les essences de bois introduites artificiellement dans un but de production afin de favoriser la progression de la flore et de la faune originelles. Le retour à un mode d'exploitation traditionnel où le cheval se substitue aux gros engins mécaniques, la canalisation du public sur un réseau

Lavoir sur le Rhin Tortu. *Photo P.B.*

Sentier. *Photo P.B.*

de sentiers destinés à satisfaire tous les types de promenade (à pied, à vélo, à cheval), la mise en place d'une excellente information sur la forêt rhénane ainsi qu'un bon accès par le tram (non polluant) permettront de conserver et préserver un écosystème original aux portes de la ville.

Les chemins et sentiers balisés par la Ville de Strasbourg sont jalonnés par des signes spécifiques (non Club Vosgien). Ils sont représentés sur la carte de la forêt figurant sur les panneaux implantés à proximité des principaux points d'accès.

Fasane Pfad – sentier de la Faisanderie

(5 400 m) – Durée : 1 h 20
Trois accès : étangs Hanfroeste (tram : station « Campus » à 20 mn), chêne Reebmann et quartier de la Ganzau (passerelle)

Sites intéressants à proximité :
– sur le Schwarzwasser, anciens bains publics aménagés en zone de détente
– sur le Rhin Tortu : lavoir en bois restauré conjointement par la Ville de Strasbourg et

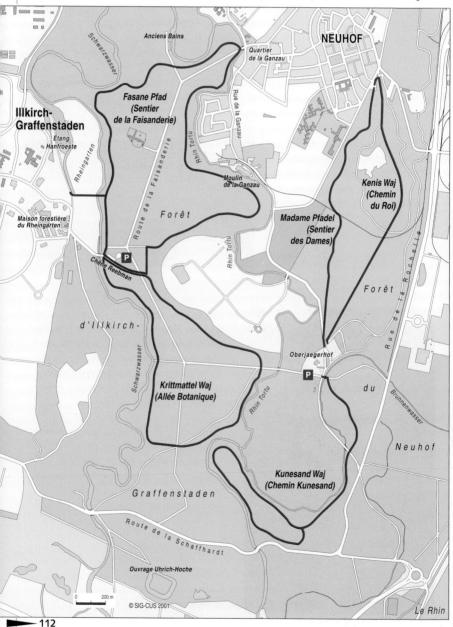

les élèves du lycée technique d'Illkirch-Graffenstaden ; le moulin de la Ganzau (vue sur l'îlot et sa chapelle).

Krittmattel Waj – Allée Botanique
(4 000 m) – Durée : 1h10
Deux accès : chêne Reebmann et Oberjaegerhof
Situé entre le Schwarzwasser et le Rhin Tortu et jalonné de divers panneaux didactiques sur les caractéristiques de la faune et de la flore de la forêt rhénane, ce sentier de découverte de la nature permet de faire une balade agréable et instructive.

Kunesand Waj – Chemin Kunesand
(3 000 m) – Durée : 45 mn
Accessible depuis l'Oberjaegerhof, il longe le Brunnenwasser avant de faire une boucle entre celui-ci et le Rhin Tortu.

Sites intéressants : près de l'Oberjaegerhof, on peut admirer une belle zone humide récemment restaurée et, un peu à l'écart du sentier, on peut découvrir l'agréable cascade du Brunnenwasser créée pour oxygéner la rivière.

Madame Pfadel – sentier des Dames
(2 300 m) – Durée : 35 mn
et Kenis Waj – chemin du Roi
(1 900 m) – Durée 30 mn
Ces deux itinéraires peuvent aisément être enchaînés et forment un circuit intéressant et varié de 4 200 m (Durée : 1 h 05).
Deux accès identiques pour ces deux sentiers : l'Oberjaegerhof au sud et le Coucou des Bois au nord, entrée principale de la forêt du Neuhof desservie la ligne de bus n° 24, restaurant, parking et point de départ du parcours sportif.

Sur l'île du Rohrschollen. *Photo P.S.*

L'île du Rohrschollen

Cette île du Rhin est classée en réserve naturelle depuis 1997 et son aspect peut donner une idée de ce que fut la forêt rhénane originale.
Du Coucou des Bois (limite du quartier du Stockfeld), prendre en voiture ou à vélo la rue du Rheinfeld ou traverser la zone industrielle à partir de la rue de La Rochelle.
Le parking se trouve au niveau de l'usine hydroélectrique. Le tour de l'île fait environ 8 km.

La forêt de la Robertsau

La forêt de la Robertsau est l'un des rares témoins de l'ancienne forêt alluviale liée aux crues régulières du Rhin. À partir de 1860, de grands travaux portant sur la rectification du fleuve et sur l'aménagement de son lit moyen ont supprimé ces inondations.

Restent aujourd'hui de somptueuses parcelles à la végétation luxuriante entre un complexe réseau de bras morts où croît une multitude d'arbres et d'arbustes à la diversité inégalée en Europe : chênes pédonculés, frênes, peupliers et pommiers sauvages, lianes, lierres, houblons, clématites et vignes sauvages...

Tarpans. *Photo B.H.*

Le château de Pourtalès.
Photo B.H.

Pour accéder à la forêt
• en voiture grâce aux différents parkings aménagés aux abords de la forêt
• à pied ou en vélo depuis le secteur Mélanie ou la rue Kempf, vous pouvez rejoindre le château de Pourtalès ou la ferme Bussière, ferme du XIXᵉ siècle accueillant le conservatoire botanique de la Ville de Strasbourg et le futur « Centre d'Initiation à l'Environnement » et où commencent plusieurs itinéraires balisés.
• En tram et en bus : en tram (ligne B) jusqu'à la station « Pont Phario », puis le bus 72 jusqu'aux arrêts « Bussière » (à pied jusqu'au domaine Bussière), « Fuchs am Buckel » ou « Unterjaegerhof ».

Chemins et sentiers balisés
Les différents sentiers de promenade de la forêt sont jalonnés par des signes permettant de s'orienter. Tous ces parcours sont équipés de bancs, d'abris, de corbeilles qui s'intègrent dans le milieu naturel. Ils sont reliés entre eux par d'anciennes routes goudronnées maintenant fermées à la circulation. Tout ce réseau invite à d'innombrables promenades plus belles les unes que les autres.

Chêne majestueux. *Photo R.G.*

La ferme Bussière. *Photo P.B.*

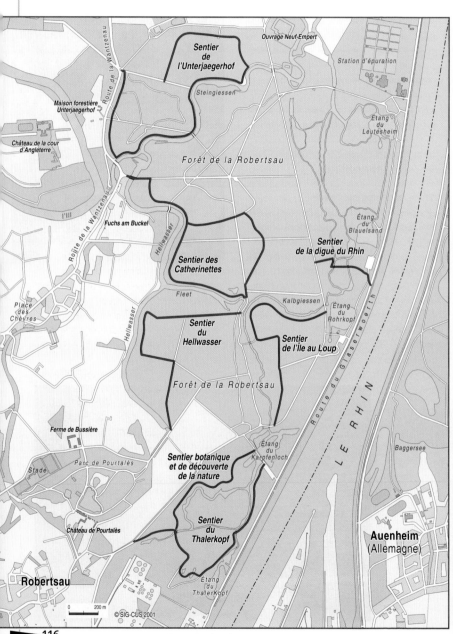

Ouvrage Neuf-Empert

Station d'épuration

Sentier
de
l'Unterjaegerhof

Steingiessen

Maison forestière
Unterjaegerhof

Étang
du
Leutesheim

Château de la cour
d'Angleterre

Forêt de la Robertsau

Route de la Wantzenau

l'III

Fuchs am Buckel

Étang
du
Blauelsand

Sentier
de la digue du Rhin

Hellwasser

Sentier des
Catherinettes

Place
des
Chèvres

Fleet

Kalbgiessen

Étang
du
Rohrkopf

Sentier
du
Hellwasser

Sentier
de l'île au Loup

Route du Glaserwoerth

Forêt de la Robertsau

LE RHIN

Ferme de Bussière

Baggersee

Parc de Pourtalès

Stade

Étang du
Karpfenloch

Sentier botanique
et de découverte
de la nature

Château de Pourtalès

Sentier
du
Thalerkopf

Auenheim
(Allemagne)

Robertsau

Étang
du
ThalerKopf

0   200 m

© SIG-CUS 2001

Sentier de l'Ile au Loup (1 300 m)

Accessible depuis l'allée des Trois-Sapins, cet itinéraire situé au cœur de la forêt est animé par le doux bruit de la cascade du Kalbsgiessen. Cet ouvrage a deux rôles essentiels : il permet de maintenir un niveau élevé en amont et d'oxygéner les cours d'eau phréatiques en aval.

Sentier de l'Unterjaegerhof (3 300 m)

Ce sentier, bordé sur une grande partie par des tilleuls centenaires, longe le Steingiessen, un affluent de l'Ill. Il se situe à proximité du parking du Fortin.

Sentier du Thalerkopf (2 200 m)

Accessible du parking Mélanie ou de l'étang du Karpfenloch, ce parcours contourne l'île aux Tarpans, île peuplée de quelques uns de ces chevaux sauvages, familiers de la forêt rhénane avant le XIe siècle. Il permet de découvrir un aspect de la forêt exceptionnel : une succession de vieux saules têtards, dont les cavités renferment des fougères, mais aussi des bouleaux et des aulnes, qui lancent leurs racines jusque vers le sol.

Situé au sud de la forêt, cet itinéraire est le prolongement du sentier de découverte de la nature. Sa partie nord, restée sauvage, longe l'étang du Thalerkopf.

Sentier des Catherinettes (3 500 m)

Accessible du Fuchs am Buckel, ce sentier longe les cours d'eau de la Fleet et du Hellwasser. Au printemps, lorsque l'ail sauvage forme un tapis blanc odorant sur le sol, le sentier prend toute sa dimension. En l'empruntant, on traverse par deux fois l'allée des Trois-sapins, qui conduit au pavillon d'information, point central de la forêt. À cet endroit, des panneaux didactiques sensibilisent aux particularités du milieu rhénan.

Sentier du Hellwasser (1 500 m)

Sinueux et ombragé, ce sentier traverse de nombreuses zones humides et partiellement le Hellwasser, cours d'eau d'une grande largeur en connexion avec l'Ill. Bois mort, draperies, lierres, clématites et coassements de batraciens donnent à ce parcours un charme discret.

Sentier botanique et de découverte de la nature (1 400 m)

Ce sentier est accessible depuis le parking Mélanie ou du Karpfenloch. Jalonné de divers panneaux didactiques présentant les caractéristiques de la faune et de la flore rhénanes, il permet de faire une balade agréable et instructive.

Sentier de la digue au Rhin (400 m)

Ce petit parcours relie la digue des hautes eaux au parking du Blauelsand. Il fait découvrir des eaux phréatiques, limpides, à partir de passerelles en bois surplombant les cours d'eau.

Sentier forestier de la Robertsau.
Photo P.B.

Autour d'Illkirch-Graffenstaden par le sentier Illgraff

10 km

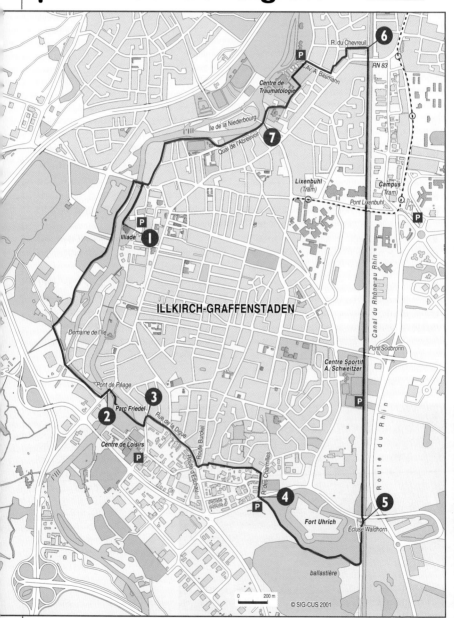

© SIG-CUS 2001

0   200 m

Illiade

Inauguré en 1995, ce grand espace culturel ultramoderne est destiné à devenir le cœur du futur centre-ville d'Illkirch. Il est construit au bord de l'Ill, sur un terrain de cinq hectares, à la place des anciens ateliers de fonderie et de chaudronnerie et il présente un contraste saisissant avec les énormes halls en briques, témoins muets d'une épopée industrielle révolue. Ses terrasses surplombent légèrement un jardin ouvert à tous, créant ainsi une vaste coulée verte reliant le plan d'eau et les berges de l'Ill à la route de Lyon...

Balisé dans son intégralité par un anneau rouge, ce sentier circulaire accessible en tram comporte six points de départ, répartis tout au long des 10 kilomètres de cette ceinture verte et aquatique entourant la cité.

P Premier départ : l'Illiade, parking allée François-Mitterrand, le long des vieux halls, vestiges de la célèbre usine de Graffenstaden.

Le panneau de départ se situe au bord de l'Ill derrière le bâtiment de l'Illiade ➊.

Par le chemin piétonnier longeant l'Ill, rejoindre le pont et prendre à gauche la rive opposée. À la hauteur d'un petit fortin boisé, belle vue sur la centrale électrique de l'usine et son immense cheminée.

Passer devant l'ancien restaurant du Wasserraedel, très prisé par les promeneurs des années 50.
Bifurquer à gauche pour longer le petit bras de l'Ill entourant le « Domaine de l'Ile » (en 1939-45, ancien camp de prisonniers russes travaillant à l'usine).

Cheminée de l'Usine

C'est en 1922 au bord de l'Ill, qu'a été érigée, à côté de la centrale électrique, cette immense cheminée de 60 mètres. Dotée d'un double conduit, elle a servi de château d'eau, en assurant les énormes besoins en eau de l'usine. Pendant de nombreuses décennies, sa sirène a rythmé la vie ouvrière des faubourgs sud de Strasbourg. Visible de très loin, elle

La cheminée de l'usine de Graffenstaden. *Photo P.B.*

demeure le témoin de ce qui fut un des plus beaux fleurons de l'industrie alsacienne.

D'Grafestaderfawerek

C 'est l'essor industriel du XIXe siècle qui est à l'origine de l'usine et donc de la réunion des deux villages d'Illkirch et de Graffenstaden. En 1838, Rollé et Schwilgué (le constructeur de l'horloge astronomique) transformèrent l'un des nombreux moulins à eau bordant l'Ill pour créer la fabrique qui allait devenir la célèbre usine de Graffenstaden. C'est de là que la fameuse balance au dixième inventée par Quitenz est partie à la conquête du monde entier. Alliée avec Koechlin de Mulhouse, l'usine devient la « Société Alsacienne de Constructions Mécaniques ». Reliée par le rail à la gare de Graffenstaden, elle se met à produire des machines-outils et des locomotives à vapeur vendues dans les cinq continents. Reconvertie dans l'armement par les Allemands, pendant la guerre, l'usine a subi de nombreuses restructurations. Il ne subsiste que deux petites unités distinctes produisant l'une des machines-outils, et l'autre des engrenages.

Vue sur l'île Muhlmatt à partir du pont de Péage. *Photo B.L.*

Laisser le pont d'accès à la résidence, contourner le poste de gaz pour continuer vers le pont de Péage ❷.

Franchir le pont d'où s'offre une belle vue sur la rivière avec ses bras enserrant les berges boisées de la pointe sud de l'île Muhlmatt (résidence du domaine de l'Ile).

Côté droit, entrer dans le parc Friedel (jardin et parc animalier). **En ressortir par l'aire de jeux.**

🅿 Deuxième point de départ : parking du centre de loisirs Girlenhirsch à 150 m.

Se diriger à gauche vers le vieux Graffenstaden et tourner à droite dans la rue de la Digue ❸ (belles maisons alsaciennes), **puis suivre la route d'Eschau.**
Au carrefour avec la route Burckel, obliquer à gauche pour s'engager en face dans une allée piétonnière.

Par la rue des Charmilles, aboutir au parking de la plaine de jeux du fort Uhrich ❹ .

Pont de Péage (d'Zollbruck)

C onstruit à l'emplacement d'un antique gué permettant de traverser l'Ill, il doit son nom à la longue présence d'un octroi sur cette importante voie de passage (route de Lyon). Au Moyen Âge, un village y fut fondé à proximité par des paysans et des pêcheurs, d'où l'origine du blason de la ville : un soc et une gaffe.

Fort Uhrich

Érigé en 1872 par les Allemands lors de la construction de la ceinture fortifiée de Strasbourg, sous le nom de fort Werder, il ne prit son nom actuel qu'en 1918. Desservi jusqu'en 1945 par la voie ferrée de l'avenue Messmer, il n'a jamais servi militairement. Il a été cédé par l'armée à la Ville. Son cadre boisé, cerné de magnifiques douves, abrite, depuis 1992, les activités du club de tir à l'arc.

Les douves de fort Uhrich. *Photo B.L.*

P Troisième point de départ.

Suivre le chemin bordé de platanes conduisant entre l'étendue d'eau de la Ballastière à droite et les douves boisées du Fort Uhrich, à 50 m à gauche.

Rester le long de la gravière puis monter sur le chemin de halage ombragé du canal du Rhône au Rhin, en direction du Waldhorn ❺ : écluse, pont et restaurant.

Passer sous le pont (vue sur l'impressionnant bâtiment de béton et de verre d'Alcatel) pour arriver au centre sportif Schweitzer.

P Quatrième point de départ (parking d'accès à 100 m).

Après le pont Sodbronn, poursuivre le long du canal jusqu'au nouveau pont Lixenbuhl.

P T Cinquième point de départ : accès par les stations de tram « Campus » et « Lixenbuhl » à 300 m par le Rhinn Pfad (triangle rouge).

Continuer un bon kilomètre sur le chemin de halage. Après le pont sous la N 83, quitter le canal au lacet de la piste cyclable ❻. Par les rues du Chevreuil, des Perdrix et du Verger, rejoindre l'allée Baumann.

P Sixième point de départ (au bout de l'allée : le parking du centre de Traumatologie et à droite le parc des Bonnes-Gens avec ses aires de jeux)

À gauche, pénétrer dans ce qui reste du magnifique parc, ancienne propriété d'Achille Baumann qui fut maire d'Illkirch, abritant désormais le centre de Traumatologie et une maison de retraite. **Contourner la maison de maître** en admirant au passage quelques imposants séquoias.

Sortir par la porte sud et revenir sur l'Ill ❼ avec vue sur l'usine hydroélectrique (ancien moulin).

Après le pont Niederbourg (accès à l'île du même nom et point de départ du Rhinn Pfad), **longer l'Ill par le quai de l'Abreuvoir** (à gauche, vieux quartier de pêcheurs) **en passant dans l'ancien îlot du Birkeninsel** (aire de jeux).

Revenir à l'Illiade par l'agréable promenade du quai de l'Ill (belle vue sur Ostwald).

Les lisières du Rheingarten

7 km

Moins urbain et plus forestier, ce sentier circulaire balisé par un anneau jaune, constitue le maillon est du circuit Illgraff (anneau rouge) avec qui il pourra facilement être combiné pour faire en 3h30 le grand tour d'Illkirch-Graffenstaden. Disposant de 4 points de départ, il est, comme l'Illgraff, accessible par la ligne A du Tram.

P **T** Premier départ : Tram A, station du tram A « Campus » (parking à proximité).

À partir du panneau de départ ❶, se diriger en restant sur le trottoir, vers le feu rouge pour aborder la montée du nouveau pont Lixenbuhl (belle vue sur Illkirch et les Vosges d'une part, sur le parc d'Innovation et la forêt du Neuhof de l'autre).

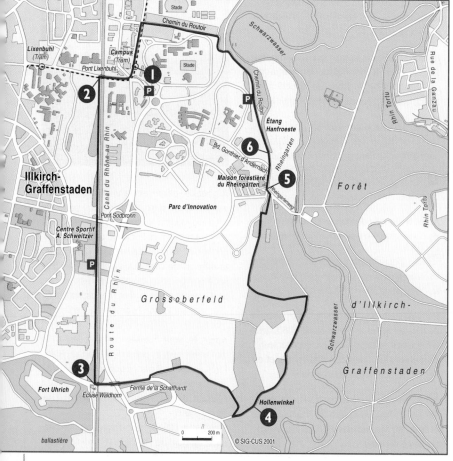

Par l'escalier côté Illkirch, descendre au panneau directionnel situé sur la berge du canal du Rhône au Rhin ❷ pour rejoindre le circuit à l'anneau rouge.

P T Deuxième point d'accès à 300 m : station du tram A « Lixenbuhl » par le sentier Rhinn Pfad (triangle rouge).

Après le passage sous le pont, suivre l'ancien chemin de halage où, sur deux kilomètres, jusqu'au pont Waldhorn, il est confondu avec le circuit à l'anneau rouge. *Éviter de marcher sur la piste cyclable.*

P Troisième point d'accès, sur ce tronçon, après le pont Sodbronn, à la hauteur du centre sportif Schweitzer (parking).

Avant l'écluse Waldhorn (restaurant) ❸ , quitter le chemin de halage et le circuit Illgraff (anneau rouge) pour monter sur le pont. Tourner à gauche et suivre côté gauche, sur 350 m, la route de la Schaffhardt pour franchir successivement le canal et la route du Rhin (vue sur la ferme de la Schaffhardt à droite et l'immense champ du Grossoberfeld à gauche, uniques témoins du passé agricole d'Illkirch).

Au bas de la descente, avant le virage, quitter la route pour rejoindre toujours à gauche, le chemin rural en contrebas. D'abord en lisière, puis en forêt, le sentier débouche sur un gros carrefour.
À gauche, suivre sur 100 mètre le chemin d'exploitation jusqu'au carrefour du Hollenwinkel ❹ .

▶ *À 300 m à droite, aperçu sur un méandre du Schwarzwasser.*

Écluse Waldhorn. *Photo P.B.*

Canal du Rhône au Rhin

N apoléon Ier en avait décidé la construction et c'est en 1834 qu'il fut inauguré sous le nom de canal Monsieur. Depuis, sous les frondaisons ombragées des magnifiques platanes du chemin de halage, les chevaux des péniches hippomobiles ont été remplacées dans les années 20 par les lorrys, petits tracteurs électriques de couleur verte, eux-mêmes supplantés, en 1960, par des péniches auto-motrices. Actuellement, en raison de la canalisation du Rhin, sa vocation de transport disparaît au profit du tourisme.

Sur le canal du Rhône au Rhin. *Photo P.B.*

Prendre tout droit le chemin forestier qui débouche dans la clairière de la Brunnenmatt. Longer le grillage du Pulverschuppe (ancienne poudrière), d'abord en lisière sur un gros chemin, puis, après le changement de direction, sur un sentier en forêt. Après 400 m, ressortir sur le Grossoberfeld près de la tour ruinée d'un ancien transformateur.

Longer un bassin de rétention, puis, par un court crochet à droite, retrouver le grillage avant de déboucher sur le chemin du Rheingartenweg.

Tourner à gauche vers le carrefour de la maison forestière du Rheingarten **5**, puis bifurquer à droite.

▶ *Au bout de 100 m, avant de quitter le boulevard Gonthier-d'Andernach, accès à gauche vers le sommet de la butte du parc d'Innovation (200 m aller et retour, vue sur les lignes futuristes des grands bâtiments).*

Vue sur le parc d'Innovation. *Photo B.L.*

Parc d'Innovation d'Illkirch-Graffenstaden

A vec ses deux cents hectares de « matière grise » répartis dans un décor souvent surréaliste : des bâtiments à la géométrie rugueuse avec leurs façades futuristes et leurs immenses baies vitrées, il est le symbole du développement de la ville. Au milieu d'un écrin de verdure et d'eau, il représente depuis 1985 le point de convergence de l'enseignement universitaire, de la recherche et de la haute technologie dans des domaines aussi variés que la pharmacie, le biomédical, les biotechnologies, la physique, l'informatique, la météorologie, la génétique et même la conquête de l'espace.

Pôle universitaire API. *Photo G.E.*

S'engager sur le chemin du Routoir, bordé de marronniers pour arriver au carrefour du Rheingarten, à l'extrémité sud des étangs de pêche ❻ . À partir de là, le sentier est commun avec le Rhinn Pfad (triangle rouge) jusqu'au pont Lixenbuhl.
Rester sur l'allée de marronniers pour arriver au calme et reposant étang Hanfroeste.

🅿 Quatrième point d'accès : parking, restaurant.

Retour ombragé à la station « Campus » par le chemin du Routoir et la route du Rhin où l'on retrouve la cité universitaire et le Tram.

Le Rhinn Pfad

6,5 km

Ce sentier, en grande partie dans la forêt, permet de relier Illkirch et le Rhin au niveau de l'île de Rohrschollen. Il est balisé par un triangle rouge.

T **De la station « Campus »** (panneau Club Vosgien, côté magasin), **emprunter la route du Rhin direction Strasbourg.** Au

Péniche devant l'île du Rohrschollen. *Photo B.L.*

premier feu rouge, suivre à droite le chemin du Routoir sur 1 km jusqu'aux étangs Hanfroeste (tronçon commun avec l'anneau jaune du circuit des Lisières du Rheingarten).

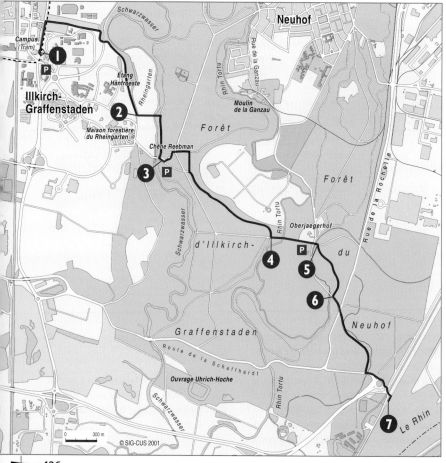

▶ *Dans le cadre enchanteur des étangs de pêche, 100 m à gauche, restaurant et parking d'accès au circuit des Lisières du Rheingarten et au sentier de la Faisanderie (à 300 m dans la forêt).*

Continuer le chemin du Routoir jusqu'au carrefour du Rheingarten à l'extrémité sud de l'étang ❷. Quitter l'anneau jaune pour se diriger à gauche vers l'imposante forêt du Neuhof avec ses chemins et ses sentiers balisés par la Ville de Strasbourg.

Après la vieille passerelle du Schwarzwasser, passer sous un chêne remarquable et bifurquer à droite dans le sentier de la Faisanderie. Déboucher sur un chemin goudronné, le suivre sur 100 m vers la droite avant de s'engager à gauche sur le parking du chêne Reebmann ❸. Ce très bel arbre centenaire, était autrefois lieu de rendez-vous galants pour les amoureux du Stockfeld, dominant l'aire de jeux et son abri.

▶ *Point de départ du sentier de la Faisanderie et de l'allée Botanique.*

Traverser le carrefour du Chêne et prendre en face le sentier de la Faisanderie. Au bout de 150 m, tourner à droite pour rejoindre l'allée Botanique qu'il faut suivre jusqu'à l'abri du Katzenbuckel ❹.

Obliquer à gauche vers la Passerelle du même nom, franchir le cours puissant du Rhin Tortu pour aboutir au carrefour de l'Oberjaegerhof ❺. Ancienne maison forestière et de chasse, située dans une belle clairière avec des animaux qui font la joie des tout-petits, elle abrite aujourd'hui un restaurant.

Important parking, panneau d'informations et point de départ de nombreuses promenades :
– au nord vers le Coucou des Bois par le chemin du Roi (aller) et le sentier des Dames (retour ou vice-versa)
– à l'ouest vers le Rhin Tortu et l'allée Botanique
– au sud vers le Rhin par le sentier d'Altenheim ou le long du Brunnenwasser par le chemin du Kunesand.

Prendre le chemin du Kunesand jusqu'au pont du Brunnenwasser ❻, puis suivre le sentier goudronné d'Altenheim *(croisement dangereux avec la route de La Rochelle)* pour déboucher sur la piste cyclable longeant la route de la Schaffhardt. Traverser la route du Rohrschollen au rond-point et gravir l'escalier pour aboutir sur la digue du Rhin ❼ (à 1 km au nord du futur pont Eschau-Altenheim), face au barrage reliant l'Allemagne à l'île du Rohrschollen (vue sur le Rhin, le canal d'Alsace et la Forêt-Noire).

Clairière de l'Oberjaegerhof. *B.L.*

Réalisation

Ce guide a pu être réalisé grâce au partenariat de la ville et de la communauté urbaine de Strasbourg.

La sélection et la description des itinéraires ont été réalisés, après reconnaissances et repérages, au nom du Club Vosgien, par Roger Gerbex, Anne Gerlier, Gilbert Kaisser, André Lemblé, Bernard Lindemann et Jean-Marc Parment.
La relecture a été assurée par Gilbert Kaisser et Jean-Marc Parment.
La Fédération du Club Vosgien a bénéficié du concours des services de la municipalité et de la communauté urbaine, notamment madame Pascale Gérard, du service Communication.
Ont également apporté leur contribution à ce projet : madame Ehrard, messieurs Gentner et Buchert, du service des Espaces verts, Gilles Carabin et Sandra Schuh du service Cartographie de la communauté urbaine et Sandra Jacob de la Compagnie des Transports Strasbourgeois.

L'hôtel de ville. *Photo P.B.*

Crédits photographiques :

P.A.	Pascal Aussina
P.B.	Pierre Buchert
G.E.	Geneviève Engel
R.G.	Rémy Gentner
B.H.	Bernard Henry
G.K.	Gilbert Kaisser
B.L.	Bernard Lindemann
D.L.	David Lutz
JM.P.	Jean-Marc Parment
P.S.	Philippe Stéphan
CRDP	Centre Régional de Documentation Pédagogique (A.D. : A. Dubail. ; C.WB. : C. Wild-Block. ; A.B. : A. Beauquel. ; A.R. : AIRDIASOL.)

Direction des Éditions : Dominique Gengembre
Création de couverture et de maquette : Marc & Yvette
Coordination éditoriale : Jean-Michel Rêve
Cartographie : Noël Blotti
La cartographie s'appuie sur le fond numérique du S.I.G. de la communauté urbaine de Strasbourg
Mise en page : Isabelle Vacher
Compogravure : MCP, Orléans
Impression : Corlet, Condé-sur-Noireau, N° 2900